에이플러스 동역자

Partners in Ministry

에이플러스 동역학

2008년 8월 5일 · 제1판 1쇄 발행

지은이 | 제임스 갈로우
옮긴이 | 김낙환
펴낸이 | 안병창
펴낸데 | 요단출판사

주　소 | 158-053 서울특별시 양천구 목3동 605-4
기　획 | (02) 2643-9155
영　업 | (02) 2643-7290~1　　Fax (02) 2643-1877
등　록 | 1973. 8. 23. 제13-10호

ⓒ요단출판사 2008

기　획 | 이종덕　　편　집 | 하정희 장용미
디자인 | 한기획　　제　작 | 박태훈 권아름
영　업 | 김창윤 정준용 김종배 이영은

정가 9,000원
ISBN 978-89-350-1164-3 03230

이 책의 한국어판 저작권은 요단출판사가 소유하고 있습니다.
출판사의 사전 승인 없이 책의 내용이나 표지 등을 복제, 인용할 수 없습니다.

요단인터넷서점 www.jordanbook.com

A+ 에이 플러스
동역학

제임스 갈로우 지음
김낙환 옮김

요단

Copyright © 1981 by James L. Garlow
Second Edition 1998
All rights reserved:
Beacon Hill Press of Kansas City

Diagrams by MJ Graphics

Korean Edition Copyright © 2008 by Jordan Press
605-4 Mok-3dong Yangcheon-Gu
Seoul, KOREA

자신들의 삶을 통하여
사역이 무엇인지 보여주신
두 분의 평신도에게
이 책을 바칩니다.

나의 부모님,
농부이신 아버지
버티스 갈로우와,
가정 주부이신 어머니
위니프레드 갈로우에게.

추천의 글

당신의 교회가 목적이 이끄는 교회가 되게 하려면 당신은 목회 사역에 모든 교인이 참여하도록 동원해야만 한다. 실제적인 내용을 담은 이 책은 이러한 목표를 향하여 갈 수 있도록 당신을 돕게 될 것이다. 이 책이 포함하고 있는 성서적인 원리들은 교회 청중들을 하나님의 군대로 변화시킬 것이다.

릭 워렌
새들백교회(Saddleback Valley Community Church)

제임스 갈로우가 쓴 이 책은 아주 시기에 적절한 것이다. 이처럼 중요한 교회 부흥의 시대에 교회 성장에 민감한 감각을 가진 지도자들은 이미 교회의 모든 회중을 세우고 훈련하는 길을 모색하고 있다. 기도와 성령의 인도하심이 교회 각성의 열쇠가 되는 것처럼, 이 책 「에이플러스 동역자」는 목회를 위한 교회 성장의 열쇠가 될 것이다.

잭 헤이포드
길위의교회(The Church on the Way)

추천의 글

이 책은 지금까지 내가 읽은 책 가운데 평신도들을 위하여 가장 읽을 만하고 도움이 될 만한 책이다. 갈로우 박사는 이 책에서 어린아이라도 쉽게 이해할 만큼 건강하고 쉬운 방법으로 신학적 문제들을 다루고 있다. 그가 다루는 신학적 주제들은 성서적인 기초를 갖고 있으며, 역사적이고 목회학적인 기능을 다루고 있다. 책의 모든 페이지에 자신의 영감과 열정을 쏟아 놓고 있다. 뿐만 아니라 지혜로운 예화들로 독자들에게 높은 수준의 생각을 갖게 한다. 은사를 나누고 섬기는 훈련과 직접적인 지도력 양성을 위한 훈련의 강조는 교회의 일꾼들을 훈련하고 세우는 데 도움이 될 것이다. 당신에게 진심으로 이 책을 추천하는 바이다.

제임스 케네디
코럴리지장로교회(Coral Ridge Presbyterian Church)

이 책은 교회에 출석하는 모든 사람의 요구에 대한 답변이다. 가르침은 지식을 요구하는 반면 배움은 갈망을 요청한다. 지적인 삶에서 수행해야 할 쌍둥이 업무는 가르침과 배움이다. 이것은 성장과 성숙을 갈망하는 모든 사람들을 위한 것이다. 그렇기에 갈로우 박사의 가르침은 근본적인 것이며 필수적인 것이다.

에드윈 루이스 콜
기독교인 남성들의 네트워크(Christian's Men's Network)

종교개혁은 '모든 믿는 사람들은 제사장'이라는 구호를 우리에게 주었다. 그리고 평신도를 세우고 움직이게 했던 존 웨슬리의 천재성은 이러한 기독교 교리들을 살아있는 것으로 만들었다. 그의 영적 각성운동의 열기가 아직도 역사에 남아 세계 도처에서 계속되고 있다. 이러한 이야기들을 제임스 갈로우보다 더 잘할 수 있는 사람은 없다.

로버트 콜먼
빌리 그래함 세계선교와 복음전도 학교
(Billy Graham School of World Mission and Evangelism)
트리니티 신학대학(Trinity International University)

오늘날 우리 세대가 소망으로 품고 있는 효율적이고, 공격적이고, 가능케 하는 교회를 이루는 길은 평신도들에게 교회의 사역을 감당하게 하는 것이다. 그리고 평신도들에게 비전을 나누며 그들을 세우는 일에 평신도들이 참여하도록 허락하는 일이다. 이러한 일들은 오직 목사와 평신도들이 예수 그리스도의 선교 명령에 대한 열정을 가지고 있어야 가능하다. 하나님의 명령을 수행하기 위한 실제적인 대안과 신실함이 있어야 한다. 이 책은 그러한 목표를 향하여 첫걸음을 내딛게 한다.

런던 주니어(H. B. London Jr.)
가정에 초점을 맞추는 전도사역/목회사역
(Ministry Outreach/Pastoral Ministries Focus on the Family)

나는 미래에 있어서 가장 효과적인 교회는 평신도들에게 실제적으로 목회 사역을 맡기는 교회라고 생각한다. 제임스 갈로우는 이 책에서 지역 교회가 이러한 일들을 구체적으로 실행할 수 있도록 성서적이며 실제적인 안내를 하고 있다. 이 책은 당신 교회의 모든 평신도들이 사역자가 될 수 있도록 가르치며, 당신의 교회가 그러한 일을 실행할 수 있도록 도울 수 있는 뛰어난 자원이 될 것이다.

존 메디슨
프레이저메모리얼 연합감리교회(Frazer Memorial United Methodist Church)

해마다 수천 명의 사람들에게 평신도 사역을 가르치는 일은 나에게 큰 영광이다. 이러한 생명력 있는 주제에 관하여 다른 어떤 책보다도 제임스 갈로우의 책이 내게 큰 영향을 주었다. 이 책은 하나님 나라를 위해 효과적인 사역을 할 수 있기를 갈망하는 사람이라면 반드시 읽어야 할 책이다.

존 맥스웰
(John C. Maxwell)

Contents

- 6   추천의 글
- 12   여는 글
- 15   서문

1. 성서적 근거
- 21   목회를 위한 바울의 다섯 가지 준비
- 24   베드로의 여섯 가지 의미 있는 단어들
- 29   새롭지 않은 이론

2. 신학 살펴보기
- 39   교회
- 41   사역
- 54   평신도
- 64   소명

3. 역사가 우리에게 말해주는 사실
- 75   목사-평신도의 분열
- 86   평신도의 설교 운동
- 97   존 웨슬리의 평신도 활용

4. 사역을 위한 우리의 은사

- 109 아가페 사랑
- 113 아가페를 표현하는 방법 배우기
- 116 은사란 무엇인가?
- 124 은사에 대한 위험
- 126 은사 발견하기
- 136 은사, 사역 그리고 성품

5. 사역을 위한 훈련

- 140 평신도 훈련을 위한 계획
- 146 준비시키는 사람과 훈련 과정
- 155 평신도 사역 훈련의 장애물을 극복하는 방법
- 171 적절한 사역 찾기
- 174 평신도 훈련의 단계들

6. 사역으로 파송함

- 183 세상으로 보내심
- 189 우선순위 정하기
- 192 탈진을 막는 방법
- 196 평신도에게 사역 위임하기

- 206 **부록 A** – 은사의 발견에서 사역을 찾기까지
- 217 **부록 B** – 은사의 정의
- 220 **참고문헌**

여는 글

당신이 만약 그리스도인이라면 당신은 이미 사역자라 할 수 있다. 예수 그리스도는 당신이 안수를 받은 목사이든지 아니면 안수를 받지 않은 평신도이든지 상관하지 않으시며, 이미 당신을 의미 있는 목회 사역으로 부르고 계신다. 이 세상의 모든 평신도는 목회 사역으로 부르심을 받았다. 이러한 개념은 결코 새로운 것이 아니다. 이것은 오직 우리에게만 새로운 개념이다. 이러한 사상은 교회의 역사 가운데 나타났던 수많은 기독교 사상가들에게 결코 새로운 개념이 아니었다. 성서를 기록한 사람들에게도 마찬가지다. 또 이 일은 하나님이 계획하신 것이기 때문에 하나님 자신에게도 결코 새로운 개념이 되지 못한다.

그럼에도 평신도 사역 개념이 오늘날 우리에게 새로운 개념으로 비치는 것은 이러한 진리들이 과거에는 크게 강조되지 않았기 때문이라 말할 수 있다. 하지만 오늘날에는 목회 사역의 모든 국면에서 이러한 개념들이 다시 요구되고 있다. 내가 확신하는 것은 이 시대를 살아가는 우리가 바로 이러한 일의 한 부분을 책임 있게 감당해야 한다는 점이다. 사실상 우리 자신이 개혁의 한 부분인 셈이다. 도처에서 해방을 위한 개혁이 일어나고 있다. 그리고 이는 바로 평신도를 해방하는 것을 말한다.

성서적인 관점에서 말하는 목회자를 향한 이러한 혁신은, 우리 시대의 평신도들을 그들이 원하는 방향에서 좀더 자유로운 평신도들로 만들게 할 것이다. 하지만 이렇게 다가오는 해방이라는 것이 어떠한 것으로부터(from something)의 해방을 의미하는 것은 아니다. 이것은 바로 어떠한 것으로(to something)의 해방이다(사역으로의 혹은 섬김으로의 혁신을 말하는 것이다). 이러한 혁신은 아직 이루어지지 않았다. 그러나 나는 그러한 일들이 우리에게 다가오는 소리를 듣고 있다. 만약 당신이 나의 말에 귀를 기울이게 된다면, 당신도 또한 나와 같이 이 소리를 듣게 될 것이다. 하워드 버트(Howard Butt)는 이렇게 언급했다. "지난 수년 동안에 수많은 프로그램과 집회가 봄에 제비꽃이 피는 것처럼 평신도 독단주의에 의해서 혹은 평신도의 독단적인 주장으로 이루어졌다…그런데 어떤 일이 일어났는가?…그것은 그리스도인의 책임에 대한 평신도의 이해가 좀더 넓어지고 또한 깊어졌다는 것이다."[1] 칼라일 마니(Carlyle Marnye)는 다가오는 개혁의 필연성에 대하여 다음과 같이 기록하고 있다. "루터, 칼빈, 츠빙글리, 웨슬리가 살았던 시대에 일어났던 변화와 같이 지금 우리도 변화의 시간에 있다는 것은 실제로 확실한 사실이다."[2]

평신도 운동의 할아버지로 불리는 엘턴 트루블러드(Elton Trueblood)는 글 속에서 다음과 같은 말을 아주 힘 있게 강조하곤 했다. "만약 평균적 위치에 있는 교회들의 모든 평신도, 남성이나 혹은 여성들이 바로 자신들이야말로 그리스도의 사역자라는 사실을 심각하게 받아들인다면, 이 시대에 우리는 가장 짧은 시간 안에 혁명에서나 얻을 수 있는 커다란 결과를 얻게 될 것이다."[3] 프린스턴 신학대학의 토마스 길레스피 박사(Dr. Thomas Gillespie)는 이러한 개혁에 대해 다음과 같이 언급했다. "이러한 개혁은 성직자가 아닌 사람들은 앞으로 더욱 나아가려 하고 성직자들은 양보하려 하며 하나님의 백성은 움직이려 할 때 비로소 깨닫게 될 것이다."[4]

우리는 매우 흥미로운 시대를 살고 있다. 우리는 모든 믿는 사람들이 진정으로 사역에 부르심을 받았다는 의미 있는 개혁의 경계선에 서 있다. 당신이 바로 이러한 개혁의 참여자이다. 당신이 목사이든 아니면 평신도이든, 하나님이 모든 사람을 향해 부르시는 사역으로의 부르심에 책임감 있게 응답하는 기쁨을 맛보게 될 것이다. 이 개혁에 당신이 나와 함께 동참할 수 있기를 기대한다.

서문

평신도 사역은 지난 40년간의 나의 인생에 있어서 대단히 중요한 부분이었다. 대학교 2학년이었던 1960년대 말, 다니고 있던 대학에서 제임스 케네디 박사(Dr. D. James Kennedy)가 에베소서 4장 11-12절의 말씀을 가지고 설교하는 것을 들은 적이 있다.

나는 목사의 역할에 대해 "목사 자신이 목회 사역의 모든 일을 행하는 것보다 평신도들을 움직이고 그들이 사역할 수 있도록 준비시키는 일이 목회를 위하여 더욱 중요하다"는 그분의 말씀에 집중하게 되었다. 분명한 사실은, 이러한 개념이 오늘날 우리에게 아주 급진적인 개념은 아니라는 점이다. 하지만 그 당시 나에게는 아주 새로운 개념으로 다가왔다. 그의 설교를 들으면서 흥분하게 되었고, 그의 설교를 녹음한 테이프도 구입했다. (그때는 녹음기가 아주 귀한 시절이었다.) 그의 설교를 수없이 반복해서 들었으며, 나중에는 그의 설교의 일부분을 암기할 정도가 되었다. 나는 설교의 내용을 다른 사람들과 나누기 시작했으며, 이 설교를 듣기 원하는 학우들과 함께 테이프를 듣기도 했다.

1970년대에 나는 네 개의 대학원에서 공부할 수 있는 기회를 갖게 되었다. 나의 학문적 관심의 초점은 평신도들이 수동적인 입장에서 단순하게 목회 사역을 받아들이는 것이 아니라, 자신의 사역을 위해 훈련되고 준비되는 것에 관한 아주 흥미로운 원리들을 이해하는 것이었다. 그래서 나의 박사 학위 논문 내용도 존 웨슬리(John Wesely)의 '평신도 활용'을 분석하는 것이었다. 웨슬리는 많은 부분에서 아주 심하게 비판적이었다. 그러나 복음을 전하는 데 있어 평신도의 역할에 대한 그의 확신은 그 어떤 것보다도 컸다. 박사 학위를 거의 마쳐 갈 무렵, 나는 웨슬리의 어떠한 개념들이 250년의 세월을 뛰어넘고 대서양을 건너 다시 세상으로 전달되어야 하는지를 스스로에게 묻게 되었다. 그때 나는 웨슬리의 관점에서 다음과 같은 개념들을 발견하게 되었다. 그것은 평신도들이 사역으로 부르심을 받았으며(called), 사역을 위한 은사를 받았고(gifted), 사역을 위해 훈련되어야 하며(trained), 사역으로 보내져야 한다(sent)는 것이었다.

1980년대는 내게 평신도 사역에 관하여 쓰고 말하고 실험할 수 있는 기회를 제공한 시기였다. 80년대 초 나는 L.I.T.E(Lay Institute To Equip)에서 발행하는 작은 안내서의 원고를 작성하는 일을 하였다. 바로 그때 쓴 책이 지금 당신이 읽고 있는 이 책이다. 그 당시 나는 여러 지역 교회를 순회하면서 이 주제에 관해 강연할 수 있는 기회를 가질 수 있었는데, 그러한 경험들이 나의 생각들을 더욱 명료하게 하는 계기를 마련해 주었다. 나는 처음으로 뮤지컬을 한 편 썼다. 그 뮤지컬의 제목은 '평신도는 목회자이다' 였다. 감사한 것 중 하나는, 이 작업에 1983년 1월 캘리포니아 가든그로브 지역의 로버트 슐러 박사가 목회하는 수정교회의 켄 반웍(Ken Van Wayk)이 평신도 사역 훈련센터(Lay Ministry Training Center)의 훈련 일환으로 이 뮤지컬에 참여했다는 점이다. 나는 당시 두 개의 비디오테이프를 만들었는데, 그 하나는 'Partners in Ministry' 였고, 다른 하나는 'All God's People' 이었다. 나는 이 비디오에서 교회의 역사를 통하여 나타나는 평신도 신학에 대한 이해를 여섯 가지 주제로 나누어서 다루었다.(당시에는 집집마다 VCR을 가지고 있지 못했으므로, 이것은 그때의 시대적 상황보다 조금은 앞선 일이었다.) 거기서 핵심적으로 다룬 인물들이 성 프란시스, 마틴 루터, 존 웨슬리, 알렉산더 캠벨, 존 모트, 그리고 교황 요한 23세였다.

1980년대 초반에는 오클라호마 지역에 있는 아주 큰 교회에서 협력 목사로 사역할 수 있는 기회를 갖게 되었다. 그때 나는 평신도 개발부서(Lay Development)라는 특별한 목적의 부서를 책임지고 있었다. 이러한 경험은 내게 '목회 사역을 위하여 평신도를 훈련하고 준비시키는 일'에 있어서 가능한 여러 가지 방법들을 실험할 수 있는 기회를 제공했다. 그 후 1980년대 중반에 이르러 나는 댈러스 포트워스 지역에서 교회를 개척하게 되었으며, 그곳에서의 시간을 통해 사역을 위하여 어떻게 평신도를 준비시키고 움직일 수 있는가에 대해 더욱 깊이 있는 경험을 할 수 있었다.

그리고 1990년대에 들어서 나는 캘리포니아 남부에 위치한 한 대형 교회의 담임목사가 되었다. 하지만 평신도 사역의 중요성에 대한 생각은 전혀 줄어들지 않았다. 나는 이 책의 개정판을 준비하면서, 매주 3,100여 명이 출석하는 우리 교회에서 거의 600여 명의 성도들이 참석해 1년 동안 훈련을 받는 평신도 훈련 프로그램을 시작했다.

대학생 신분이었던 1960년대에 내게 평신도 사역은 아주 흥미진진한 개념으로 다가왔었다. 그리고 1970년대에 평신도 사역의 개념은 내게 대학원 공부를 하는 데 아주 매력적인 동기를 부여해 주었다. 1980년대에 나는 이 평신도 사역의 개념에 대해 글을 쓰고 가르치고 실험할 수 있는 기회를 제공받았으며, 1990년대에는 이 개념의 중요성에 대해 점점 더 큰 확신을 갖게 되었다. 이것은 교회에 절대적으로 필요한 것이다. 하나님이 평신도들을 부르시는 흥미로운 목회 사역과 모든 하나님의 백성을 훈련하거나 준비하는 일이 없고서는 그리스도를 위하여 이 세상에 영향을 미치는 일을 할 수 없을 것이다.

이 책을 읽고 있는 당신이 평신도라면, 하나님 나라에서 당신의 역할이 얼마나 중요한 것인지를 당신이 이해할 수 있게 되기를 바란다. 당신은 하나님 나라의 이등 시민이 아니다. 당신은 전능하신 하나님이 이 세상에 보내신, 하나님 나라의 대사의 직책으로 부르심 받은 사람이다. 만약 당신이 목사로서 이 책을 읽고 있다면, 나는 이 책이 당신 주변에 있는 평신도들을 계속해서 훈련하며, 그리스도의 전능하신 능력으로 그들을 움직이는 일을 하도록 당신을 격려할 수 있기를 바란다.

제임스 갈로우
캘리포니아 샌디에이고

01 성서적 근거
The Biblical Basis

평신도인 당신은 무언가 특별한 것을 가지고 있는 존재이다. 당신은 하나님에게 아주 중요한 사람일 뿐만 아니라 약동하고 있는 하나님 나라의 성장을 위해서도 아주 중요한 사람이다. 대부분의 사람들에게 해당되는 하나의 명백한 사실이 있다. 그것은 '하나님이 많은 평신도들을 세우신 이후로 그 평신도들을 분명히 사랑하셨다' 는 점이다.[1] 예수 그리스도를 따랐던 대부분의 사람들이 평신도였다는 사실을 당신은 상기할 수 있겠는가? 무작위로 미국에서 어떤 교회의 회중을 선택해 살펴보면, 그 회중을 구성하는 사람들 중 하나나 둘, 아니면 셋이 모두 평신도라는 사실을 발견하게 될 것이다.

그러나 불행하게도 대부분의 평신도들이 하나님 나라를 위한 사역에 고용되지 못하고 있다. 어떤 사람은 "사역에 고용되지 못한 하나님 나라의 백성의 비율이 95퍼센트쯤은 될 것"이라고 말하기도 한다. 그래서 이러한 사실을 비판하는 사람들이 주로 사용하는 표현이 있다. 그것은 "하나님 나라에 고용되지 못한 사람들을 **평신도**라고 규정한다"는 말이다. 이것은 하나님이 본래 의도하신 일이 아니다. 신약의 교회들도 이러한 방식으로 시작되지는 않았다.

목회를 위한 바울의 다섯 가지 준비

이 부분과 관련해 하나님의 말씀인 성경이 우리에게 말하는 사실이 있다. 신약성경 에베소서에서 다음과 같은 말씀을 보게 된다. "그가 어떤 사람은 사도로, 어떤 사람은 선지자로, 어떤 사람은 복음 전하는 자로, 어떤 사람은 목사와 교사로 삼으셨으니 이는 성도를 온전하게 하여 봉사의 일을 하게 하며 그리스도의 몸을 세우려 하심이라"(엡 4:11-12). 사도, 선지자, 복음 전하는 자, 목사와 교사는 그들이 해야만 하는 흥미로운 역할이 있다는 것이다. 그것은 아주 중요한 과업이다. 그 과업은 바로 하나님의 백성, 모든 믿는 사람들에게 목회 사역을 위해 필요한 것을 갖추게(equip) 하는 일이다. 그렇게 한다면 그들의 사역은 더욱 강화될 것이다.

그리스도에 의해 그의 교회에게 주어진 사역은 공통의 목적을 가지고 있다. 그것은 바로 사역을 위해 하나님의 백성을 준비시키는 것이다. 목사나 복음 전하는 자나 교사들에게 맡겨진 가장 기본적인 과업은 목회 사역 안에서 다른 사람들과 복음을 나눌 수 있도록 사람들을 준비시키는 일이다. 목사로서 나의 가장 중요한 과업은 그들의 존경스런 사역을 위해 개개의 사람들을 훈련시키는 것이다. 즉 그들을 준비시키는 자(equipper)이다. 신학대학의 가장 중요한 목표는 전문적인 목사들을 세우는 데 있는 것이 아니다. 그것은 자신들의 사역을 위하여 일할 수 있는 사람들을 훈련시킬 줄 아는 자들을 길러내는 데 있다.

다른 번역본의 에베소서 4장 12절은 '성도'(saint)라는 단어 뒤에 콤마(쉼표)를 찍어서 세 개의 구절로 나누어 놓았다. "이는 성도를 온전하게 하여, 봉사의 일을 하게 하며, 그리스도의 몸을 세우려 하심이라"(For the perfecting of the saints, for the work of the ministry, for the edifying of the body of Christ, KJV). 이러한 세 개의 구절은, 목사와 교사와 선지자의 서로 다른 세 개의 과업을 지시하고 있다. (1) 성도를 온전하게 하며(for the perfecting of the saints), (2) 봉사의 일을 하게 하며(for the work of the ministry), (3) 그리스도의 몸을 세우려 하심이라(for the edifying of the body of Christ).

많은 번역들이 '성도'(saint)와 '위하여'(for)라는 단어 사이에 콤마를 두지 않고 있다. 그것은 이러한 콤마들이 그 문장의 의미를 변형시키기 때문이다. 한스루에디 웨버(Hans-Ruedi Weber)는 '결정적 콤마'라는 표현으로 이 구두점에 대해 언급하였다. 왜냐하면 이러한 콤마가 구절이 의도하는 것을 심각하고 의미 있게 변형시키기 때문이다. 만약 우리가 12절에서 콤마를 그대로 유지한다면 사역은 목사, 혹은 교사와 그리고 그러한 사람들에 의해서 행해지는 어떤 것을 의미하게 된다. 이러한 규칙은 모든 믿는 사람들에 의해 행해지는 사역 이외의 일인 것이다. 그것은 선택 받은 몇몇 사람으로 사역을 제한하게 된다. 그러나 적절하게 이 문장을 이해했다면 이 문장이 말하는 것은 모든 하나님의 백성이 목회 사역을 위해 준비되어야 한다는 사실임을 알게 될 것이다. 예수 그리스도의 교회의 성장을 이루는 일에 모든 믿는 사람들이 참여하는 것은 너무도 중요하다.

12절에 나오는 '준비하다'(prepare, NIV)라는 단어는 때때로 '갖추어 주다'(equip), '완성하다'(complete) 혹은 '완전하게 하다'(perfect)라는 의미로 번역된다. 이 단어가 그리스어 신약성경에 처음으로 등장하는 것은 예수께서 몇몇 제자들을 부르시는 장면에서이다. 예수님은 갈릴리 해변을 걸으시다 두 팀의 형제들, 즉 베드로와 안드레, 야고보와 요한을 보시고 자신을 따르도록 초청하셨다. 이 형제들은 자신들의 배에서 그물을 수선하고 있었다. '수선'(mending)이라는 단어는 에베소서 4장 12절에서 '준비하다'(prepare) 혹은 '갖추어 주다'(equip)라는 말과 같은 의미로 번역될 수 있는 단어이다.

　　이것은 우리에게 무엇을 말하는가? 이는 갈릴리 어부들의 관리 아래에서 그물이 손질되는 과정이, 주님의 관리 아래에서 우리 자신이 손질되는 과정과 비교될 수 있다는 것을 말한다고 할 수 있다. 그물은 물고기를 잡을 수 있도록 갖추어지는 것이다. 그물은 수선되고 있었다. 그물은 그들이 의도하는 목적을 위하여 준비되고 있었다. 우리도 마찬가지인 것이다. 우리 또한 목회 사역을 세우기 위해 적절하게 주님의 손길 아래에서 고쳐지고 준비되어지는 것이다.

━━ 베드로의 여섯 가지 의미심장한 단어들

　　사도 베드로는 전문적인 목사와 사역자들뿐만 아니라 하나님의 모든 백성을 강조하는 일에 바울과 함께했다. 베드로전서 2장 4-5절, 9-10절에 보면 그는 "사람에게는 버린 바가 되었으나 하나님께는 택하심을 입은 보배로운 산 돌이신 예수께 나아가 너희도 산 돌같이 신령한 집으로 세워지고 예수 그리스도로 말미암아 하나님이 기쁘게 받으실 신령한 제사를 드릴 거룩한 제사장이 될지니라…그러나 너희는 택하신 족속이요 왕 같은 제사장들이요 거룩한 나라요 그의 소유가 된 백성이니 이는 너희를 어두운 데서 불러 내어 그의 기이한 빛에 들어가게 하신 이의 아름다운 덕을 선포하게 하려 하심이라 너희가 전에는 백성이 아니더니 이제는 하나님의 백성이요 전에는 긍휼을 얻지 못하였더니 이제는 긍휼을 얻은 자니라"고 기록하고 있다.

베드로는 이러한 성경의 말씀을 통하여 예수 그리스도의 제자들을 여섯 가지 단어로 표현하고 있다. 현대어 성경(TEV)에 보면 첫 번째 단어는 '산 돌', 둘째는 '거룩한 제사장', 셋째는 '택하신 족속', 넷째는 '왕 같은 제사장', 다섯째는 '거룩한 나라', 마지막으로 '그의 소유된 백성'이라고 표현되어 있다.

우리를 그리스도의 제자로 표현한 처음 구절은 '산 돌'이다. 문제는, '우리가 만일 산 돌이라면 어떠한 방법으로 사용될 수 있는가?', '우리가 해야 할 사역이나 봉사는 어떠한 것인가?' 하는 것이다. 예수 그리스도는 세워져 가고 있는 하나님 나라의 건축 프로젝트에서 모퉁잇돌이 되신다. 우리도 마찬가지로 우리의 부족함과 상관없이 산 돌로서, 그리스도가 머릿돌 되신 동일한 건물의 한 부분으로 선택된 것이다. 지금 당장 자신의 주변을 살펴보라. 이것은 아마 당신이 보지도, 듣지도 못했던 이야기일 것이다. 하지만 성경은 인간으로서는 다 헤아릴 수 없는 건축 현장이 있음을 말하고 있다. 당신과 나는 예수 그리스도의 제자로서 이 건축 프로젝트에 포함되어 있는 것이다.

또 5절에서 우리는 제사장으로 소개되고 있다. 성경은 한걸음 더 나아가 '거룩한 제사장'이라 말하고 있다. 제사장이란 무엇을 의미하는가? 제사장은 하나님께 제사를 올려 드리는 사람이다. 그러면 제사에 무엇을 제물로 바칠 수 있을까? 그것은 바로 우리 자신이다. 예수 그리스도를 따르는 제자로서 우리는 날마다 예배와 사역에서 우리 자신을 하나님께 제물로 올려 드리는 제사장이다. 우리는 거룩한 제사장으로서 우리가 할 수 있는 모든 것, 우리가 가지고 있는 모든 것을 그분께 제물로 바쳐야 한다. 그것이 우리가 거룩한 제사장으로 주님을 섬기는 방법 중 하나이다.

9절과 10절에 보면 우리는 '택하신 족속'의 한 부분이라는 것을 알 수 있다. 당신은 이 사실을 믿는가? 뿐만 아니라 성경은 우리를 '왕의 제사장'(TEV)이라고 말하고 있다. 단순히 평범한 사람들의 제사장이 아니라 왕의 제사장인 것이다. 모든 세상 만물을 다스리는 왕의 제사장이다. 이 얼마나 영광스런 일인가! 우리는 '왕의 제사장'이고, '거룩한 나라의 백성'이며, '하나님의 소유된 백성이다(TEV).

우리가 이렇게 많은 축복을 받게 된 이유는 무엇인가? 왜 우리는 하나님께 선택되었는가? 우리는 놀랍고도 아름다운 이 하나님의 구원하시는 행위를 세상에 알리기 위해 선택 받은 것이다. 하나님의 구원을 알리는 이것이 바로 평신도 사역이다. 이것은 바로 우리한 사람 한 사람에게 맡겨진 사역이다. 하나님은 우리 모두를 가치 있게 여기심으로 우리를 특별히 선택하신 것이다. 우리는 특별한 나라의 일부분이며, 특별한 나라의 백성이다. 우리는 중대한 사역을 위해 세워졌다.

오스카 퓨케트(Oscar Feucht)는 그의 책 『모든 사람은 사역자이다』에서 다음과 같이 말하고 있다. "이러한 책의 제목은 모든 믿는 사람들을 '사역자'라는 지위로 올려놓는다. 이것은 모든 그리스도인들을 구약 시대의 제사장이 보여 주었던 역할로 올려주고 있다."[2] 토마스 길레스피(Tomas Gillespie)는 이렇게 기록하고 있다. "우리에게 말씀하시는 성서적 관점은 모든 하나님의 백성(평신도)의 지위를 사역자로 높이는 것이다. 이것은 위로 향하는 새로운 방향이다."[3]

사도 베드로는 의미심장한 단어들을 택하여 자신의 메시지를 전하려 했다. 예를 들어 '성전'이라는 단어는 우리 안에 지어져 가는 하나님의 나라를 뜻한다. 어느 작가는 "지구상에서 하나님이 거하시는 곳은 더 이상 세상에서 구별된 하나의 건물이 아니라 세워진 사람들과 세상에 보내진 사람들이다"[4]라고 말했다. 에베소에 있는 그리스도인들에게 보내는 편지에서 바울은 이 성전에 대해 다음과 같이 기록하고 있다. "그러므로 이제부터 너희는 외인도 아니요 나그네도 아니요 오직 성도들과 동일한 시민이요 하나님의 권속이라 너희는 사도들과 선지자들의 터 위에 세우심을 입은 자라 그리스도 예수께서 친히 모퉁잇돌이 되셨느니라 그의 안에서 건물마다 서로 연결하여 주 안에서 성전이 되어 가고 너희도 성령 안에서 하나님이 거하실 처소가 되기 위하여 그리스도 예수 안에서 함께 지어져 가느니라"(엡 2:19-22).

사도 베드로가 그의 첫 번째 편지에서 썼던 두 번째 단어는 우리에게 토론의 빌미를 제공하고 있다. 그 단어는 바로 '제사장'이다. 누가 제사장인가? 그의 말대로 하면 모든 믿는 사람이 제사장이다. 구약성경의 역사 속에 제사장은 아론의 자손이어야만 했던 때가 있었다. 그러나 신약성경에서는 그렇지 않다. 히브리서는 우리에게 말하기를 구약 시대의 의례는 일시적인 것이었고, 새로운 제사의 형식이 생기게 될 것이라고 했다. 그날이 이제 온 것이다. 여러분과 내가, 우리가 바로 제사장이다.

신약성경에서 우리가 이해해야 할 또 다른 단어는 '제물'(희생)이라는 단어이다. 신약성경은 제물을 드리는 것에서 끝나지 않고 제물의 본질을 확실하게 바꾸어 놓았다. 신약성경에서의 제물은 바로 우리 자신을 가리킨다. 바울은 우리의 몸과 우리의 모든 활동의 의미와 우리가 가지고 있는 모든 것을 하나님께 제물로 드리라고 말한다(롬 12:1). 우리가 드리는 찬송과 감사, 간증, 사랑이 넘치는 예배 그리고 사랑의 마음으로 행한 모든 일이 하나님께 드리는 제물이 될 수 있다. 또한 이러한 모든 것들이 사역에 포함되는 일이다. 이것이 바로 하나님께서 우리를 제사장으로 부르신 이유이다. 제사장은 하나님 앞에 드려진 제물이 받아들여지고, 또한 하나님께서 그 제물을 기뻐하시도록 앞서서 행하는 사람이다. 신학자 한스 큉(Hans Kuing)은 이렇게 말하고 있다. "이러한 제물들은 성전에서 드려지는 예배의 일부분이 아니다. 이것은 세상에서 드려지는 예배이며, 일상의 삶 가운데서 드려지는 예배이다. 그리고 하나님 앞에 사랑스러운 섬김이다… 이것이 바로 신약 시대의 제사장이 드리는 참된 제물이다."[5]

▬새롭지 않은 이론

하나님의 백성, 이 모든 사람이 사역에 참여한다는 개념은 신약 시대에만 한정되는 개념이 아니었다. 시내 산에서 하나님은 모세에게 고대 이스라엘 사람들의 사역과 관련하여 이렇게 말씀하셨다.

"모세가 하나님 앞에 올라가니 여호와께서 산에서 그를 불러 말씀하시되 너는 이같이 야곱의 집에 말하고 이스라엘 자손들에게 말하라 내가 애굽 사람에게 어떻게 행하였음과 내가 어떻게 독수리 날개로 너희를 업어 내게로 인도하였음을 너희가 보았느니라 세계가 다 내게 속하였나니 너희가 내 말을 잘 듣고 내 언약을 지키면 너희는 모든 민족 중에서 내 소유가 되겠고 너희가 내게 대하여 제사장 나라가 되며 거룩한 백성이 되리라 너는 이 말을 이스라엘 자손에게 전할지니라 모세가 내려와서 백성의 장로들을 불러 여호와께서 자기에게 명령하신 그 모든 말씀을 그들 앞에 진술하니 백성이 일제히 응답하여 이르되 여호와께서 명령하신 대로 우리가 다 행하리이다"(출 19:3-8).

6절에서 하나님은 이스라엘 자손을 '제사장 나라'라고 말씀하고 계신다. 하나님은 그들을 단순하게 직업적인 제사장으로 부르신 것이 아니다. 하나님은 이스라엘을 하나의 나라로서, 백성으로서, 예배를 위해 그리고 사역을 위해 부르신 것이다. 이 부르심은 토마스 길레스피가 '묵상하는 사역'이라고 표현했던 것과 같이 세상과 하나님 사이에 서는 일을 의미한다. 물론 그들을 한 나라라고 불렀지만, 이것이 나라 안에 있는 개개인의 역할을 감소시키지는 않는다.

이스라엘의 문제는 자신들의 부르심에 대한 개념을 혼동하면서 생기게 되었다. 그들은 자신들이 높은 지위나 영광을 누리는 자리, 특권을 누리는 자리로 부르심을 받은 것이 아니라, 섬김과 사역의 자리로 부르심을 받았다는 사실을 이해하지 못했던 것이다. 하나님이 처음 가지셨던 꿈은 그의 백성이 나라의 제사장으로서, 하나님과 하나님에 대해 알아야만 하는 세상 사이에 서는 것이었다. 예언자 이사야는 바로 이러한 사실을 상기시키고 있다. "오직 너희는 여호와의 제사장이라 일컬음을 받을 것이라 사람들이 너희를 우리 하나님의 봉사자라 할 것이며 너희가 이방 나라들의 재물을 먹으며 그들의 영광을 얻어 자랑할 것이니라"(사 61:6). 이 오래된 꿈이 오늘날 교회에서 성취되고 있다. 그것은 또한 지금 우리에게 일어나고 있는 일이다. 우리 모두가 바로 사역자들인 것이다.

우리는 이와 같은 사실을 성경의 마지막 책인 요한계시록에서도 발견할 수 있다. 요한은 그리스도께서 "우리를 사랑하사 그의 피로 우리 죄에서 우리를 해방하시고 그의 아버지 하나님을 위하여 우리를 나라와 제사장으로 삼으신 그에게 영광과 능력이 세세토록 있기를 원하노라"(계 1:5-6)고 말하고 있다. 계시자가 이와 동일한 주제로 5장 9-10절과 20장 6절에서도 이야기한 것을 살펴보라. 오스카 퓨케트는 이렇게 기록하고 있다. "너무나 명백하게도 신약에서 쓰이는 '제사장'이라는 단어는 교회 건물 안에 있는 특별한 임원들을 가리키는 말이 아니다. 그것은 모든 그리스도인이, 모든 믿는 사람이 제사장의 역할을 해야 한다는 것을 말해 주는 단어이다."[6] 제임스 레스톤(James Reston)은 로스앤젤레스의 평신도의회 기자 회견장에서 "종교는 목사들에게만 맡기기엔 너무나도 심각한 비즈니스이다"[7]라고 말한 적이 있다. 몇몇 사람들은 기독교가 축구 경기와는 다르다고 꼬

집어 말하기도 했다. 여기서 말하는 축구 경기란 "잔디 위의 휴식을 절실히 원하는 22명의 선수들과 운동을 할 수 있기를 간절하게 원하는 관람석의 만 육천 관람객"으로 묘사된 것이다. 일반적으로 알려진 의견들과는 반대로 기독교는 구경하는 스포츠가 아니다. 모든 믿는 사람들이 하나님 나라의 주역이자 사역자이다. 이 사역에는 하나님의 사람들이 모두 포함된다.

당신은 아마 "나는 단지 평신도일 뿐이야"라고 말할 수도 있을 것이다. 만일 그렇다면 프란시스 아이어(Francis Ayer)의 말이 당신을 위한 것일 수 있다. "당신은 주님의 사역자입니다. 당신이 만일 그리스도인으로 침(세)례를 받았다면, 당신은 이미 사역자입니다. 당신이 안수를 받았든지 받지 않았든지 그것은 중요하지 않습니다. 당신이 어떻게 반응하든 이것은 사실입니다. 어쩌면 당신은 이 말에 대해 놀라거나, 긴장하거나, 기쁘거나, 적대시하거나, 의심스럽거나, 경멸하거나, 화가 날 수도 있을 것입니다. 그러나 당신의 반응과 상관없이 당신은 주님의 사역자입니다."[8]

'나는 사역자이다.' 이것을 오늘의 표어로 삼자. 제시 잭슨(Jesse Jackson)은 유명한 인권 운동가로, '오퍼레이션 브레드바스켓'(operation breadbasket, 빵바구니 작전)을 통해 국가로부터 악평을 받는 사람이 되었다. 그는 사람들에게 동기를 부여하는 독특한 능력을 지니고 있었다. 그가 아프리카계 미국인 고등학생들 앞에 서게 된다면 이렇게 말할 것이다. "나를 따라해 보십시오. '나는 누군가이다!'" 그러면 사람들은 대답하길 "나는 누군가이다!"라고 할 것이다. 그는 그들에게 다른 구호를 따라하라고 외칠 것이다. "희망을 갖고 마약을 버려라!" 그러면 사람들은 또 다시 "희망을 갖고 마약을 버려라!"라고 대답할 것이다. 그가 말하는 것을 듣고 따라하면서 열정적으로 변해가는 청중들을 보며 나는 그에게서 우리가 무엇인가를 배울 수 있다는 것을 알게 되었다. 우리는 "나는 사역자이다! 나는 산 돌이다! 나는 거룩한 제사장이다! 나는 택한 백성이다! 나는 왕의 제사장 중 한 명이다! 나는 거룩한 나라의 한 부분이다! 나는 하나님의 백성 중 하나다!"라고 외칠 수 있을 것이다.

나는 세미나를 인도하면서 평신도 사역 훈련에 참가한 평신도에게 "나는 사역자이다…나는 제사장이다…"라고 말하게 하는 것으로 훈련을 끝내곤 한다. 평신도인 당신에게 이것이 처음에는 어색하게 느껴질 수도 있다. 하지만 당신은 자신을 사역자로 보아야 한다. 왜 그런가? 그 이유는 성경이 말하는 그 사람이 바로 당신이고, 그것도 아니면 적어도 그렇게 되기를 바라는 바로 그 사람이기 때문이다.

평신도와 목사 모두가 사역자이다. 하나님은 사람들이 하나님을 섬기고 하나님의 사랑을 다른 이들에게 나누게 하기 위해 당신을 부르셨다. 평신도와 목사로서 우리는 목회 사역의 동역자이다.

| 토의 문제 |

1. 평신도인 당신에게 베드로전서 2장 4-5, 9-10절에 나온 다음의 표현들은 어떠한 실질적인 의미를 갖는가?

- '산 돌'
- '거룩한 제사장'
- '선택된 백성'
- '거룩한 나라'
- '하나님의 백성'

2. 에베소서 4장 11-12절의 말씀에 언급된 사역의 목적은 무엇인가?

3. 로마서 12장 1절에 나오는 '산 제물'이라는 표현은 어떠한 의미를 가지고 있는가?

4. 주님 안에서 성숙하는 것은 평신도 사역의 효과에 어떠한 공헌을 하는가?

5. 다음을 토론해 보라.

- 하나님은 절대로 그의 나라의 사역의 책임이 직업적인 목사들에게만 있다고 말씀하지 않으셨다.

- 평신도가 하나님 나라의 건설에 참여한다는 생각은 구약과 신약 모두에서 말하는 것이었다.

- 기독교는 바라보기만 하는 축구 경기가 아니다.

- '제사장'이란 단어는 분명히 안수를 받은 목사들뿐만 아니라 모든 믿는 자들에게 붙여져야 한다.

- 사역에 있어서 평신도의 참여가 높아지는 것은 20세기 말의 가장 희망적인 사안 중 하나이다.

1장 성서적 근거

"그가 어떤 사람은 사도로, 어떤 사람은 선지자로, 어떤 사람은 복음 전하는 자로, 어떤 사람은 목사와 교사로 삼으셨으니 이는 성도를 온전하게 하여 봉사의 일을 하게 하며 그리스도의 몸을 세우려 하심이라"(엡 4:11-12)

02 신학 살펴보기
A Look at the Theology

당신은 "그렇지만 나는 신학자가 아닙니다"라고 말할 수도 있다. 하지만 어떠한 면에서 모든 믿는 사람들은 신학자라고 할 수 있다. '신학'이란 단어는 그리스의 두 단어에 그 기원을 두고 있다. 그것은 하나님을 의미하는 '데오스'(theos)라는 단어와, '~의 공부'라는 의미의 '로기아'(logia)라는 단어이다. 신학이란 것은 단순히 하나님에 대해 연구하는 것이다. 하나님을 믿는 모든 사람은 하나님에 대해 더 알고 싶어하는 갈망을 가지고 있다. 그렇기 때문에 어떤 의미로 우리 모두는 신학자이다. 물론 대부분 아마추어 수준의 신학자일 수 있지만, 그래도 신학자는 신학자이다. "예수님은 나의 주님이시다"라는 아주 단순한 고백 안에도 깊은 신학적인 내용을 담고 있다. 이러한 측면에서 신학이라고 알려진 것 안에는 우리 모두가 포함되어 있다.

신학은 중요한 관심 분야에 따라 그 범위가 확장되었다. 기독론은 예수 그리스도에 관해 연구하는 분야이고, 구원론은 구원에 관해 연구하는 분야이고, 죄론은 죄의 교리에 대해 연구하는 분야이며, 종말론은 종말에 관한 교리를 연구하는 분야이다. 그리고 교회론은 교회에 대해 연구하는 분야이다. 실질적인 의미에서 평신도 사역은 이러한 신학의 분야들 가운데 마지막으로 소개한 교회론의 중요한 분파이다.

우리의 행동은 믿는 것에 따라 결정된다. 예를 들어, 내가 자동차 열쇠를 꽂고 차에 시동을 걸었다면 나는 차의 엔진이 움직이게 될 것이라고 믿는 것이다. 만일 내가 차를 운전하려 한다면, 이는 이 차가 앞으로 나갈 것이라고 믿고 있기 때문이다. 만약 이러한 것들을 믿지 못한다면 그렇게 행동하지 않을 것이다. 평신도 사역도 이와 마찬가지다. 만약 내가 평신도 사역이라는 것에 확신이 있고 평신도 사역이 내 생각 속의 한 부분을 차지하고 있다면, 당신과 나는 이것을 위해 무엇인가를 하려고 할 것이다.

이런 방법으로 설명하는 것이 가장 좋을 것 같다. 만일 내가, 우리 교회 목사는 사역자이고 나는 사역자가 아니라고 믿는다면, 나는 그의 사역에 어떠한 관여도 하지 않을 것이다. 그러나 그와 다르게 목사와 더불어 나 자신을 사역자로 보고 또 그렇게 믿고 있다면, 나는 사역에 참여하려 할 것이다. 우리가 생각하는 방식은, 우리를 그 생각하는 방식대로 행동하게 한다. 따라서 우리가 평신도 사역에 대한 신학을 가지고 있는 것이 매우 중요하다. 만일 우리가 분명한 평신도 사역의 신학을 가지고 있다면, 우리는 평신도 사역자가 해야 할 행동들을 잘 알고 그에 따라 수행할 수 있게 될 것이다.

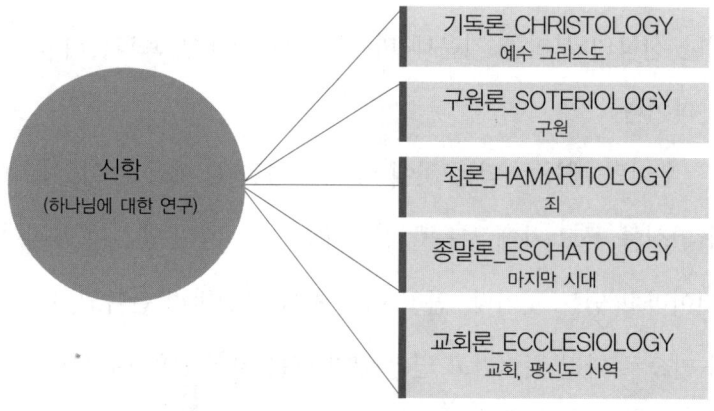

우리는 평신도를 위한(for) 신학에 관심이 있는 것이 아니라, 평신도의(of) 신학이나 평신도에 관한(about) 신학에 관심이 있다. 평신도를 위한 신학이라는 것은, 단순히 말하자면 어떤 말이든지 신학적인 내용들을 평신도들이 사용하는 말로 바꿔놓는 일을 의미할 것이다. 하지만 여기서 우리는 그러한 것에 관심을 두지 않을 것이다. 그러한 것에 관한 자료들은 얼마든지 찾아볼 수 있기 때문이다.

단순하게 평신도의 입맛에 맞는 신학을 만드는 것은 우리가 고려하는 바가 아니다. 우리의 관심은 다른 데 있다.

우리는 평신도의 위치가 아주 중요한 것임을 말하는 신학을 원한다. 그것은 단순히 평신도를 위한 신학은 아니다. 우리가 이야기하는 평신도 신학이란 바로 평신도에 관한 신학이다. 당신은 예전에 '신학'이란 말만 들어도 잠이 오는 경험을 했을지도 모른다. 신학은 우리에게 아주 지루한 것으로 느껴지기 때문이다. 그러나 이제 당신은 그와 반대로 평신도 신학에 관해서 매우 흥미를 느끼게 될 수도 있다. 그렇다면 평신도 사역 신학에는 어떠한 것들이 포함되는가? 그것은 우리가 생각하는 것만큼 그렇게 복잡하지 않다. 당신은 다음에 소개하는 네 가지 단어를 자세히 살펴봄으로써, 평신도 신학을 좀 더 자세히 이해할 수 있을 것이다. (1) 교회, (2) 사역, (3) 평신도, (4) 소명, 이 네 단어를 살펴보고자 한다.

교회

교회란 무엇인가? 만일 당신에게 교회에 필요한 모든 것들을 기록해 보라고 한다면 당신은 어떠한 것들을 목록에 기록할 것인가? 오르간, 피아노, 설교 강단, 장의자, 스테인드글라스로 된 창문, 십자가가 있는 뾰족한 지붕, 헌금함 등을 기록하겠는가?

중세 시대에 이와 같은 질문이 제기되었다. 교회란 무엇인가? 그 시대의 신학자 중 몇몇 사람들은 "교회란 성직자, 계급 제도가 있는 곳"이라고 대답했다. 그들이 정의한 교회는 성직자, 즉 목사가 있는 곳이었다. 종교 개혁가 마틴 루터는 1500년대 그의 글에서 당시 교회의 정의에 반대하는 의견을 발표하였다. 그의 생각은 목사가 교회 전체를 설명할 수 없다는 것이었다. 루터는 교회를 이해하려면 다음의 사항들이 꼭 필요하다고 믿었다. (1) 하나님의 말씀이 올바르게 선포되어야 한다. (2) 성례전이 바르게 관리되어야 한다. 존 칼빈은 루터보다 조금 늦은 시기에 교회를 정의하는 그의 글에 세 번째 목록을 추가했다. 그는 "그리스도인이란 그리스도의 제자 된 사람들"이라고 기록하였다. 교회를 세우기 위해 우리에게 하나님의 말씀과 성례전이 있어야 하는 것뿐만 아니라, 제자들도 있어야 한다는 것이 그의 생각이었다.

기독교 역사를 통해서 교회의 정의에 관한 목록에 다른 내용들이 추가되었다. 교회를 정의하기 위하여 내가 제안하고 싶은 것은 바로 상호 사역이다. 다른 말로 하면, 진정한 교회를 이루기 위해서는 말씀이 올바르게 선포되어야 하고, 성례전이 올바르게 행해져야 하며, 제자화의 분명한 증거들이 있어야 한다. 그리고 마지막 상호 사역이 있어야 한다. 여기서 말하는 상호 사역이란 몸 안에서, 즉 공동체 안에서 일어나는 사역을 말한다. 헨드릭 크레머(Hendrik Kraemer)는 "교회를 잘 이해했다면, 교회가 사역이나 사역들을 가지고 있는 것이 아니라 단순히 사역 그 자체가 교회이다"¹라고 적었다. 이것은 무엇을 말하는가? 신약성경에서 설명된 대로 교회를 이해한다면, 교회가 바로 사역(ministry)이다.

교회를 세우기 위하여 반드시 있어야 할 것 :
평신도 사역

교회 : (정의)
1. 설교(preaching)
2. 성례전(sacraments)
3. 제자화(discipline)
4. 상호 사역(mutual ministry)

━━사역

교회의 역할에 대해 잘 알기를 원한다면, 신학 분야 중 교회에 관한 교리를 공부하거나 교회론을 연구하는 것이 좋을 것이다. 만일 우리가 평신도를 포함하는 올바른 신학 체계를 세우려 한다면, 우리 중 많은 사람은 우리가 가진 교회론을 뜯어 고쳐야 할 것이다. 어떤 사람은 말하기를 "우리는 아주 놀라운 사실을 알게 될 것이다. 그것은 바로 교회 안에서 평신도가 누구보다 중요한 역할을 함에도 불구하고, 사람들은 평신도를 신학과 연관지어 생각하지 않았다는 사실이다. 그 때문에 오늘날 교회에서 평신도에 관한 것이 이슈가 되고 동시에 새로운 교회론, 즉 새로운 교리가 요구되고 있는 것이다."[2] 이러한 이유로 우리는 교회에 대한 바른 이해에 주의를 기울여야 한다. 왜냐하면 그곳이 바로 평신도 신학이 들어가야 하는 자리이기 때문이다. 교회는 사역이며, 교회를 올바르게 이해했다면, 교회를 나타내는 중요한 표시는 교회 구성원에 의해 그리고 교회 구성원을 위해 일어나는 사역이 될 것이다.

교회는 사역을 어디서부터 끌어낼 것인가? 누구로부터 이러한 중요한 소명을 받았는가? 사역이 무엇인지를 어떻게 알 수 있는가? 신약성경에서의 사역은 예수 그리스도로부터 비롯되었다. 리처드 해링턴(Richard Harrington)은 이렇게 설명하고 있다. "교회는 사역이다. 교회가 진실로 예수 그리스도를 나타내고 싶다면 교회는 사역이 되어야 한다. 예수는 교회를 설립하신 것이 아니라 사역을 확립하셨기 때문이다."[3]

예수께서는 사역의 의미를 아주 명백하게, 그리고 단순하게 말씀하셨다. "인자가 온 것은 섬김을 받으려 함이 아니라 도리어 섬기려 하고 자기 목숨을 많은 사람의 대속물로 주려 함이니라"(막

10:45). '사역'이란 단어의 그리스어인 디아코니아(diakonia)를 살펴보면 매우 흥미로운 사실을 발견하게 된다. 디아코니아라는 말은 일반적으로 '섬기기 위하여'라는 의미이다. 예수께서는 이렇게 말씀하셨다. "너희 중에 누구든지 크고자 하는 자는 너희를 섬기는 자가 되고 너희 중에 누구든지 으뜸이 되고자 하는 자는 너희의 종이 되어야 하리라"(마 20:26-27). 간단히 말해 사역은 섬김과 동일한 것이다.

A. 교회 안에서

예수께서 시작하신 사역은 예수의 승천으로 끝난 것이 아니었다. 사실 그것은 지금도 우리 공동체 안에서 계속되고 있다. 윌리엄 바클레이(William Barclay)는 이렇게 기록하고 있다. "사도행전은 끝이 존재하지 않는 이야기의 두 번째 부분이다. 복음은 예수께서 무엇을 시작하셨고 무엇을 가르치셨는지에 대한 이야기이다. 예수의 지상에서의 삶은 끝을 알지 못하는 활동의 시작일 뿐이었다."[4] 당신과 나는 예수께서 시작하신 일을 이어갈 수 있는 놀라운 특권을 가지고 있다. 마틴 루터는 다음과 같은 말로 보다 직접적으로 설명했다. "당신은 작은 예수입니다."

2000년 전 하나님은 예수라는 한 인간이 되셨다. 이 사건을 우리는 성육신(incarnation)이라고 한다. 그러면 '육'(carne)이란 말은 무슨 뜻인가? 그것은 예를 들어 스페인어에서는 '고기'(meat)를 뜻하는 말이다. 다른 언어에서는 '육신'(flesh)을 뜻하는 말이기도 하다. 결국 성육신이라는 말은 단순히 말해 하나님께서 '육체를 가지시다'(en-flesh-ment)라는 의미가 된다. 하나님은 스스로 인간의 몸이 되어 세상에 오시는 것을 선택하셨고, 그러한 제한 속에서 사역을 감당하셨다. 그리고 어떤 의미에서 성육신은 오늘날에도 계속되고 있다. 하나님은 지금도 계속해서 인간의 몸에 거하고 계시기 때문이다. 우리는 주님의 성육신의 독특함을 알고 있다. 동시에 당신과 나, 우리 속에서 계속되고 있는 성육신에 대해 알아야 한다는 매우 중요한 과제를 안고 있다. "사도행전의 중요한 가르침은 바로 예수의 삶이 그의 교회 안에서 계속된다는 것이다."[5]

예수께서는 전에 그러셨던 것처럼 우리가 눈으로 볼 수 있도록 계시지는 않는다. 하지만 성령께서는 우리를 통해 그의 사역을 계속하고 계신다. 어느 작가는 이렇게 기록하고 있다. "예수께서는 단순히 영원한 명성과 영향력만을 남기신 것이 아니다. 그는 아직도 살아 계시며, 아직도 활동하시고, 아직도 많은 능력을 가지고 계신다. 그는 과거에 계셨던 분이 아니다. 그는 지금도 계시는 분이시며, 그의 삶은 여전히 계속되고 있다."[6] 우리는 이 모든 것을 성육신의 신학으로 말할 수 있을 것이다. 성육신 신학은 바로 이러한 의미를 내포하고 있다. 한 걸음 더 나아가 우리가 다른 사람들을 대면하게 될 경우, 그것은 우리가 직접 그들을 대면하는 것이 아니라 우리를 통해 예수께서 그들을 대면하시는 것이다. 우리가 사역을 하는 동안 다른 사람들을 접촉하게 될 경우, 우리는 그들을 접촉하고 있는 손이 우리의 손이 아니라는 것을 알게 된다. 그것은 바로 주님의 손이다. 성육신은 이러한 의미에서 우리 안에 계속되고 있다. 전능하시고 전지하시며 어디에나 계시는 하나님은 우리가 언어로 설명할 수 없는 이유들로 우리를 통해 일하신다.

켄 메디마(Ken Medema)가 쓴 '모임'(The Gathering)이란 뮤지컬은 이러한 진실에 관해 아주 강력하게 말하고 있다. 거기에는 이런 노랫말이 있다.

> 교회가 교회일 때 그것은 더할 것도 뺄 것도 없이 주님께서 그의 백성을 통해 자신을 나타내시는 것을 말합니다.
>
> 은혜라는 말이 갖는 의미 중 하나는 하나님께서 서로를 위해 우리 안에 계시다는 것입니다. 우리는 서로에게 제사장이라고 불립니다. 만일 우리가 교회라고 한다면, 나는 당신에게 가는 것을 주님께 가듯 할 것입니다…나의 모습 이대로 당신이 나의 눈물과 나의 분노와 나의 죄를 모두 이해할 것을 알기에. 그리스도께서 당신의 눈을 통해 나를 보시고, 당신의 손을 통해 나를 만지시고, 당신의 사랑을 통해 나를 치료하실 것이라고 믿기에 나는 당신에게 나아갑니다.

오늘날 우리가 살아계시는 주님을 보기 원한다면 우리의 형제자매를 보아야 한다. 그들은 주님의 대변자들이다. 그들은 예수께서 시작하신 것을 이어가는 사람들이다. 만일 우리가 예수님의 사역을 보기 원한다면 주위를 둘러보라. 또는 당신 자신의 모습을 거울로 비춰봐도 될 것이다.

예수님의 사역을 이어가는 우리의 행동을 통해서 다른 사람들의 삶을 어루만지기 위해 다가갈 때, 우리는 교회 안에서 우리 자신이 제일 먼저 다가가야 할 곳을 찾게 된다. 그리고 우리는 예수 안에 있는 공동체의 사람들에게 특별한 존재로 다가가게 된다. 이 경우 '제사장'이라는 단어를 단순한 명사가 아니라 동사로 쓰는 것도 괜찮을 것이다. 내가 너의 '제사장' 역할을 할 테니 너도 나의 '제사장' 역할을 하라고 할 수도 있다. 우리는 서로에게 제사장의 역할을 하게 된다.

B. 세상 안에서

우리가 예수님의 사역을 이어가려 할 때 두 번째로 나아가야 할 곳이 있다. 우리는 교회 안으로 나아가는 것만이 아니라 교회 밖, 곧 세상으로 나아가야 한다. 몇 년 전 유행했던 아주 인기 있는 노래에 이런 가사가 있다. "밖으로 나아가 다른 사람의 손을 잡아요. 그리고 할 수만 있다면 이 세상을 더 좋은 곳으로 만드세요." 내 생각으로는 단어를 조금만 바꾸면 더 좋은 노래로 만들 수 있을 것 같다. "밖으로 나아가 다른 사람의 손을 잡아요. 이 세상을 더 좋은 곳으로 만들어요. 그래요, 당신은 할 수 있어요!" 이러한 노래가 말하고 있는 것은 무엇인가? 누가 밖으로 나아가야 하는가? 바로 우리 자신인 것이다. 누가 실제 삶을 어루만지시는가? 하나님이 하신다. 하나님은 우리를 통해 사람들의 삶을 어루만져 주신다. 영원하신 주님은 우리의 행동을 통해, 우리가 다른 이들을 돌보아 주는 일을 통해, 우리의 삶과 우리 주위 사람들의 삶에 거하신다. 이것이 평신도 사역이다. 하나님이 그 사람 안에 살아 계시고 그 사람을 통해 일하시는 것이다. 로저 콥랜드(Roger Copeland)는 '당신의 이웃에게 나아가세요' 라는 노래의 가사에서 다음과 같이 이야기하고 있다.

> 당신의 이웃에게 나아가세요.
> 당신이 정말로 그에게 관심이 있다는 것을 알려주세요.
> 그가 외로워할 때 그에게 나아가세요.
> 누군가 옆에 있다는 것을 알려주세요.
> 구름이 그의 앞을 가려 보이지 않을 때
> 그의 어두움 가운데로 나아가세요.
> 그냥 그와 같이 걷고 그와 같이 말하세요.
> 그는 당신을 기다리고 있어요.

1_소금

예수께서는 그의 제자들에게 "너희는 세상의 소금이니"(마 5:13)라고 말씀하셨다. 예수께서 이 말씀 속에 의미하신 것은 무엇인가? 예수님의 말씀에 귀를 기울였던 사람들이라면 소금이 가진 몇 가지 의미를 알고 있었을 것이다.

첫째, 소금은 순수하다. 주님께서는 그를 따랐던 사람들에게 그들 자신의 삶이 얼마나 순수한지를 시험해 보라고 하셨다. 둘째로 소금은 방부제 역할을 한다. 현대를 살아가는 이들도 냉장고가 나오기 이전에 소금이 고기의 부패를 막는 데 쓰였다는 사실을 기억할 수 있을 것이다. 그리스 사람들은 소금이 고기에게 새로운 영혼을 준다고 믿었다. 그리고 셋째, 소금은 간을 맞추어 준다. 우리가 식사를 하려고 앉았을 때 소금 통을 찾는 것은 소금에 대하여 고마움을 표시하는 행위이기도 하다.

넷째, 우리의 목적과 관련하여 가장 중요한 소금의 성질 중 하나는 소금이 사람들을 목마르게 한다는 것이다. 내가 가장 좋아하는 음식은 팝콘이다. 나는 두꺼운 스테이크보다 큰(아주 커야 한다!) 볼에 담긴 팝콘을 더 좋아한다. 그래서 집을 며칠간 떠나있을 때 나는 이 팝콘의 문제를 사람들에게 말해서 내가 가장 좋아하는 음식을 먹지 못할 때 생기는 고통을 없애 주길 기대한다. 하지만 팝콘을 먹고 난 뒤에는 항상 갈증이 뒤따라온다. 왜 그런 것일까? 버터 때문일까?

아니다. 팝콘 그 자체 때문인가? 아니다. 그것은 바로 소금 때문이다. 소금이 사람을 목마르게 한다.

　　　이 사실은 평신도 사역자로서 당신이 주변을 목마르게 만들어야 한다는 것을 상징한다. 바로 생수(Living Water)에 대한 목마름이다. 예수께서 "너희는 세상의 소금이니"라고 말씀하셨을 때, 그는 우리가 사람을 끄는 특별한 매력이 있음을 말씀하신 것이다. 그것은 우리가 믿는 자로서 가지고 있는 것에 대해 사람들이 갈망을 느끼도록 하는 것이다. 그것은 사람들로 하여금 우리에게 질문을 하게 만든다. 그것은 우리 안에 있는 희망에 관한 이유를 사람들에게 설명할 수 있는 기회를 주게 될 것이다.

2_빛

　　　예수님은 그를 따르는 자들에게 "너희는 세상의 빛이라"(마 5:14)고 말씀하셨다. 그가 이렇게 말씀하신 것은 먼저 우리가 믿는 자로서 사람들의 눈에 밝히 보여야 한다는 것을 의미한다. 비밀스런 제자화가 있을 수 없듯이 그리스도인들은 세상과 분리되어서는 안 된다. 나는 언젠가 한 기독교인 건축업자가 오직 그리스도인들만 사는 도시를 세우고 싶어 한다는 이야기를 들은 적이 있다. 나는 그의 그러한 계획이 실패로 돌아간 것에 대해 감사하게 생각한다. 그 이유는 그 건축가가 가졌던 계획이, 믿는 사람은 다른 믿는 사람들과 교제하라는 신약 시대의 소명을 잘못 이해한 데서 나온 것이기 때문이다. 진실은 우리가 교회라는 건물 안에 있지 않을 때 가장 교회답다는 사실이다.

둘째로, 우리는 빛의 다른 성질에 대해 이해할 필요가 있다. 빛은 안내해 주는 역할을 한다. 그리스도를 따르는 사람들이 세상의 안내자로 섬겼던 때가 있었다. 세상은 삶에 대한 장기적인 목적을 가지고 있지 않다는 사실을 생각해 볼 때 그것은 전혀 놀라운 일이 아니다. 믿는 자로서 우리는 우리보다 더 큰 운동에 참여하고 있으며, 그것은 우리 자신보다 더 오래 지속될 것이다.

셋째로, 빛의 성질 중 우리 믿는 사람들에게 적용시킬 수 있는 것은 마치 등대와 같이 사람들에게 주의를 주기도 한다는 사실이다. 그것과 마찬가지로 그리스도를 따르는 사람들도 거룩한 삶의 모습을 통해 세상이 파괴되는 것에 주의를 주는, 세상의 조용한 재판자로 서야 한다.

3_아웃리치

우리가 주의해야 할 위험이 있다. 그것은 교회들이 안에서만 자라나고, 자신들만 가지고 있는 것이 많아져서 정작 우리의 메시지를 들어야 할 사람들과의 접촉을 점점 잃어간다는 사실이다. 이것은 소금 병 안에 든 기독교라고 할 수 있다. 병 안에 있는 것이 병 밖으로 나가는 것보다 더 편할 수 있다. 그리고 교회가 모여야 할 적당한 시간이 있기도 하다. 하지만 교회가 모이는 것은 단지 멀리 퍼져 나갈 수 있는 힘을 얻기 위해서이다. 교회 성장 운동의 아버지라 불리는 도날드 맥가브란(Donald McGavran)은 우리에게 이러한 주의를 주고 있다. "교회가 그들의 이웃과 멀어져 자신들의 문을 닫고 안으로만 들어간다면, 교회는 세상에 복음을 전할 수 없을 것이다. 이러한 일은 성경에 불순종하는 것이며, 자신을 세상 밖에 두는 것과 같다. 그리스도인은 반드시 세상에서 존재해야 한다. 그리스도인은 주님이 하신 것과 같이 무지하고, 불결하고, 죄 많은 실제 세상의 마을과 도시에서 성육신해야 하는 것이다." [7]

교회 : ○	세상 : ●
1. ○↔●	충돌
2. ○●	협력
3. ○●	세상 위의 교회
4. ○〜●	긴장
5. ○⇉○	세상을 구원하는 교회

교회가 존재하는 이유는 여전히 교회 밖에서 살아가는 사람들을 회복시키기 위한 힘을 기르기 위해서이다. 리처드 니부어(Richard

Niebuhr)는 그리스도와 문화의 관계를 설명하는 다섯 가지 방법이 있다고 말했다. 교회와 현대 문화 사이의 관계를 이해하는 첫 번째 방법은, 세상과 교회는 서로 상반된다는 것이다. 교회와 세상은 서로 충돌되는 가치 시스템을 가지고 있다는 것이다. 두 번째 이해하는 방법은, 교회와 세상을 같은 것으로 보는 것이다. 실제로 몇몇의 사람들은 교회와 세상이 서로 돕고 있다고 느낀다. 세 번째 이해하는 방법은, 교회와 그의 환경의 관계를 바라보는 방법으로 교회가 세상의 문화 위에 존재한다고 생각하는 것이다. 이는 교회가 세상보다 뛰어나기 때문에 신경 쓸 필요가 없다는 관점이다. 네 번째 방법은, 그 둘이 언제나 긴장 가운데 있다고 보는 것이다. 이러한 관점에 따르면 이 둘은 필요하긴 하지만 서로 조화를 이루기는 결코 불가능하다. 마지막으로 교회와 문화의 관계를 바라보는 관점이 한 가지 더 있다. 그것은 교회를 문화의 변형자(transformer of culture)로 보는 관점이다. 우리는 이것을 개종론적 견해(conversionist view)라고 부른다. 이것을 적절하게 표현한다면, 교회가 모든 사회의 구원을 이루는 과정에 있다는 것을 의미한다.

클리퍼드 라이트(Clifford Wright)는 이 되찾는 역할을 다음과 같은 세 가지 그림으로 설명하고 있다. 처음에 그리스도인들은 세상으로부터 교회라는 이름으로 불려졌다. 다른 말로 하면 그들은 모였던 것이다.

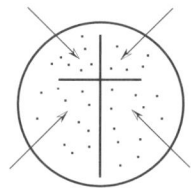

둘째로 믿는 자들은 세상에 보내졌다. 그들은 세상으로 퍼져 나갔다. 그리고 다른 사람들을 데리고 다시 교회로 왔다.

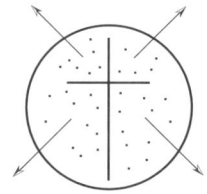

마지막으로, 그리스도인들은 밖으로 보내져 한 번 더 흩어지게 된다. 그들은 세상을 변화시키려는 목적으로 흩어진다. 주님께서 사람들을 보내시는 것은 구덩이로부터 사람들을 구출(전도)하기 위해서만이 아니다. 그 구덩이를 치우기 위해서이다. 하나님의 백성의 사역은 교회 안에 존재하는 것만큼 세상에서도 존재한다.[8]

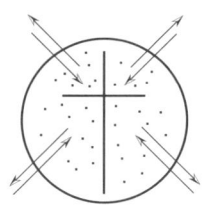

── 평신도

"하지만 전 단지 평신도인 걸요"라고 말하는 사람을 만나 본 일이 있는가? 당신은 평신도로서의 놀라운 부르심을 이해하지 못하고, "하지만 전 단지 평신도일 뿐이에요"라고 자신의 사역에 대해 변명하는 사람을 본 일이 있는가?

'평신도'를 어떻게 정의할 수 있을까? 만일 평신도란 단어의 정의를 적어보라고 한다면 무엇을 기록하겠는가? 나는 이와 같은 질문을 많은 사람에게 해보았다. 그들이 어떠한 대답을 했는지 짐작할 수 있겠는가? 사람들은 언제나 이렇게 적곤 하였다. "평신도란 신학교에 가지 않은 사람으로 목사나 성직자가 아닌 사람을 말한다." 이러한 말은 정말로 부적절한 정의이다. 여기서 '아닌'이라는 말로 내린 정의는 별로 유용한 것이 못된다. 오히려 우리는 '~이다'라는 말로 정의를 내려야 한다. 예를 들어 내가 당신에게 바나나에 대해 정의를 내려달라고 했다면, 당신은 "글쎄요, 바나나는 강철로 만들어지지 않았고요. 40층 정도로 크지도 않고요. 라디오를 가지고 있지도 않아요"라고 말하지는 않을 것이다. 그렇다면 우리는 어떻게 해야 평신도라는 말을 바르게 정의할 수 있을까?

A. '라이코스'(Laikos) 혹은 '라오스'(Laos)

평신도라는 단어는 '라이코스'와 '라오스'라는 두 개의 그리스어에서 파생되었다. 라이코스는 교육받지 않은 군중이라는 의미로 전문적이지 못하거나 어떤 주제에 관해 거의 알지 못하는 사람을 가리키는 말이다.

반면 라오스라는 단어는 '사람들 혹은 백성들'이라는 의미를 가지고 있다. 신약성경에서는 이 단어를 보통 '하나님의 사람들'이란 뜻으로 사용했다. 중요한 것은 라이코스(무지한 사람들)란 단어는 신약성경에 한 번도 나타나지 않은 반면, 라오스(하나님의 사람들)라는 단어는 신약성경에 자주 등장한다는 사실이다. 다른 말로 하면 "나는 단지 평신도일 뿐이야"라고 말하는 것은 "나는 단지 하나님의 사람이야"라고 말하는 것과 같은 의미인 것이다. 이렇게 말함으로 평신도라는 말이 갖는 부정적인 의미를 풍성하고, 성서적이며, 역사적인 단어로 바꾸어 생각하는 결과를 얻게 된다.

우리가 하나님의 백성의 일원이 된다는 것은 얼마나 크고 놀라운 일인가? 우리는 그리스도를 따르는 사람들이며, 라오스 즉 하나님의 백성의 일원이 되는 것이다. 그러므로 혹 다음에 누군가가 "아, 하지만 난 단지 평신도일 뿐이야"라고 말하는 소리를 듣게 된다면, 당신은 그에게 그가 하나님의 사람 중 한 명이라는 대단히 영광스런 존재라는 사실을 축하해줄 수 있어야 한다.

이제 '사역'(ministry)이라는 단어에 대해 좀더 깊이 생각해 보

자. 만약 사역에 관한 신학적인 글을 써야 한다면 사역이란 말이 무엇을 포함한다고 적겠는가? 보통 사람들은 사역에 대해 생각할 때 목사들이나 교역자들 혹은 신학생들을 떠올릴 것이다. 사람들은 '사역자'(minister)라는 단어를 텔레비전이나 라디오, 혹은 신문에서 접하게 될 때면 틀림없이 '그는 어디에선가 합법적으로 안수를 받은 사람일 것이다'라고 생각할 것이다. 그러나 사람들이 그런 식으로 생각하는 것은 사역자라는 단어를 성경적으로 이해한 것이 아니라고 할 수 있다. 사역에 대한 적절한 이해는 모든 믿는 자들의 사역-라오스, 즉 하나님의 사람들의 사역-이라는 데서 출발해야 한다. 이것은 때때로 일반적인 사역이나 우주적인 사역으로 불리기도 한다. 이는 그리스도를 따르는 사람들인 우리가 그리스도의 이름 안에서 봉사와 사역으로 부름 받았음을 의미한다.

그 하나님의 사람들(라오스) 안에 목사라고 불리는 그룹의 사람들이 있는 것인데, 그들은 종종 특성화된 사역이나 대표하는 사역을 말할 때에 언급되는 사람들이다. 모든 그리스도인은 성경적으로 볼 때 다 사역자이다. 사역에 대한 이해는 이러한 성서적인 확신과 함께 시작된다. 사역의 이러한 이해에 기초했을 때, 주님의 몸된 교회 안에 특별한 부르심으로 훈련을 받은 사람이 있는데, 그들이 바로 목사나 목회자이다.

그러면 도대체 특성화된 사역은 어떤 역할을 말하는가? 그것은 우선 하나님의 말씀을 가르치고 설교하는 일을 말한다. 성례전-세례와 성찬-을 관리하는 일도 있다. 특성화된 사역에 해당하는 다른 역할에는 교회가 제 기능을 할 수 있도록 교회의 생명을 관리하는 일이 있다. 만약 모든 사람이 교회에 대해 이러한 책임이 있는 사람이라고 생각한다면 교회는 전적으로 혼란에 빠지게 될 것이다. 그래서 교회가 의미 있고 효율적으로 움직이도록 하기 위해 우리는 교회 안에 있는 어떤 특정한 사람들을 교회의 관리자로 이해하게 되는 것이다. 중요하게 생각되는 네 번째 역할은 가능하게 하는 일(enablement)이다. 이것은 모든 하나님의 백성을 사역에 참여하도록 할 수 있다는 것을 의미한다. 안수 받은 목사가 갖는 가장 중요한 기능 중 하나가 하나님의 사람들에게 사역의 가능성을 부여하는 일이다. 그것은 평신도들이 그들에게 적합한 사역을 할 수 있도록 돕고, 그들 곁에서 그들의 사역을 거드는 일이다. 그렇기 때문에 목사들은 우주적 사역 안에서 특성화 되거나 가능성을 부여하는 사역을 하게 된다.

    우리는 사역에 관해 어떻게 글을 쓸 수 있을까? 한 그룹의 사람들은 다음과 같이 기록했다.

    사역의 본질 : 교회의 사역은 그리스도의 사역에서 유래된 것이다. 이는 모든 교회들에게 주어지고 요구되는 것이다. 모든 그리스도인은 사역을 위해 부름 받았다.

안수 받은 사람들의 사역 : 하나님의 부르심을 받고 침(세)례를 받은 사람들의 사역이다. 이들은 하나님의 말씀을 가르치고, 성례를 행하며, 규칙을 세우기 위한 특성화된 사역을 맡도록 특별히 세워진 사람들이다.[9]

다시 말해서 성경적으로 언급한 이러한 일들이 타당한 것이라면, 사역에 관한 이야기는 분명 평신도 사역에 관한 이야기로부터 시작되어야 한다.

B. 누가 사역자들인가?

다음에 소개하는 그림은 신약성경에 나타나는 사역의 개념을 분명하게 이해하는 데 도움이 될 것이다. 처음 두 개의 그림은 일반적인 것으로 성경적이지 않은 평신도 개념에 대해 그려놓은 것이다. 그리고 세 번째 도표는 우리가 앞에서 설명해 왔던 것을 그림으로 보여 주고 있다.

그림 1

그림 2

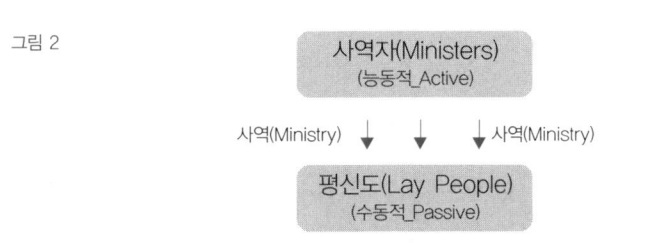

그림 3

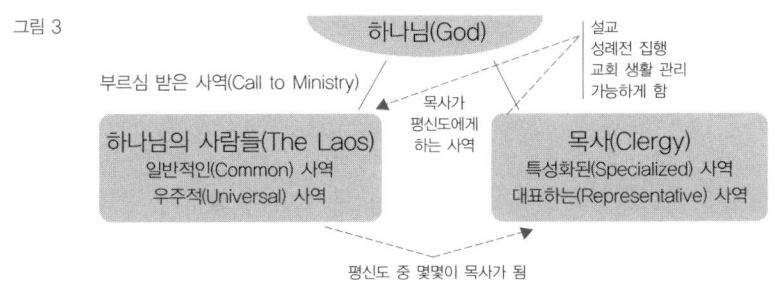

우선 첫 번째 그림을 살펴보도록 하자. 사람들 중에는 평신도와 목사를 전혀 다른 사람으로 구별하려는 사람들이 있다. 이 사람들은 하나님이 몇몇의 사람들만 선택하여 사역자로 부르셨으며, 그 외 많은 사람은 평신도로 부르셨고, 이 두 종류의 사람들은 영원히 구별되어야 한다고 보는 이들이다. 목사와 평신도를 그림 2와 같이 구별하는 사람도 있을 것이다. 여기서 작은 화살표는 사역을 뜻한다. 그림에 의하면 평신도들은 목사로서 안수를 받은 사역자들의 사역을 받아들인다. 또 평신도들의 핵심적인 일은 지극히 수동적이게 된다. 그들은 목회 사역에 참여하려는 것 보다는 목회 사역을 받아들이는 입장에 서 있는 사람이다.

세 번째 그림이 '평신도 사역'이라는 말을 가장 근접하게 표현하고 있다. 이 그림에서 당신은 하나님으로부터 아래로 내려오는 화살표를 볼 수 있다. 이것은 우주적이며 또한 모든 사람에게 향한다. 예수 그리스도를 따르는 모든 사람이 이러한 사역에 부르심을 받은 것이다. 또한 하나님의 백성으로서 부르심을 받은 이 사람들 외에 또 다른 한 무리의 사람들이 있음을 보게 된다. 그들은 사역을 대표하는 사람들이다. 그림의 가장 아래 부분에 있는 화살표를 보라. 이 화살표는 몇몇 '우주적인 부르심'을 받은 사람을 표시한다. 이들은 준비시키는 자(목사)가 되도록 지도받게 될 것이다. 이것은 대표성을 갖는 사역 혹은 특성화된 사역으로 알려져 있다. 그들은 예수 그리스도의 전체적인 몸을 위해 그들의 사역 안에서 독특한 기능을 하게 된다.

우리 가운데 상당히 많은 사람이 사역을 목사들만이 하는 일이라고 생각하며 살아가고 있다. 그러나 이런 식으로 사역을 보게 되면 평신도들은 자신들을 부르신 하나님의 부르심에서 벗어나게 된다. 그리고 이것은 안수 받은 사람들을 사역자로 부르기보다 목사나 목회자로 부르는 것이 더 적절한 방식이다. 만약 우리가 "모든 믿는 사람은 사역자다"라는 문장을 심각하게 받아들인다면, 사역자라는 직함을 아주 소수의 하나님의 사람에게만 주어서는 안 된다.

전에 있었던 교회에서 나는 나를 다른 사람에게 소개시킬 때 다른 직함으로 인해 혼동이 오는 경우를 제외하고는 나를 그들의 사역자라고 말하지 못하게 했다. 그들에게 그들의 목사로서 교회를 대표하는 사람으로 보여지기를 원했다. 그들 스스로 사역을 감당하는 평신도라는 생각으로 자신을 볼 수 있게 되기를 원했던 것이다. 당시 나는 '사역하다' 라는 단어를 평신도들을 설명하는 단어로 사용했다. 그리고 주일마다 교회에는 한 명의 사역자만이 존재하는 것이 아니라 주님을 따르는 사람들의 수만큼의 사역자가 있다는 사실을 상기시키도록 했다.

평신도와 목사 사이의 관계에는 많은 혼동이 존재해 왔다. 웨버(Weber)는 이 관계를 다음과 같은 그림으로 표시했다.

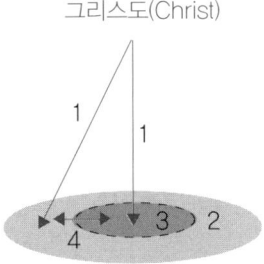

아래를 향하여 그어진 선 (1)은 사역을 가능하게 하는 성령의 힘을 뜻한다. 커다란 동그라미 (2)는 목사와 평신도 둘 다를 포함하는 교회를 감싸고 있다. 작은 동그라미 (3)은 점선으로 그려져 있는데, 이것은 따로 세워진 사역자들을 말하는 것으로, 그들이 안수 받지 않은 사역자들 위에 있다는 것이 아니라 그들 안에 있다는 것을 뜻한다. 목사와 평신도의 관계 (4)는 서로에 대한 순종과 서로에 대한 섬김을 그려놓은 것이다.[10] 이 그림은 평신도와 목사가 서로 경쟁하는 사이가 아닌 사역 안에서 진실된 동역자라는 사실을 보여주는 것이라고 할 수 있다.

몇몇의 사람들은 이러한 강조들이 목사들 즉 우리가 흔히 말하는 목회자들의 중요성을 부인하는 것이라고 오인하기도 한다. 그러나 이러한 생각은 평신도 사역에 대해 심각하게 오해한 것이다. 목사 사역의 교리와 똑같이 평신도 사역의 교리도 매우 중요하다. 하워드 그림스(Howard Grimes)는 이것과 관련하여 다음과 같이 분명하게 말하고 있다.

> 평신도가 지니는 의미를 과대평가할 때 이것은 잘못된 결론에 도달할 수도 있다. 즉 그 잘못된 개념은 성직 안수가 무의미하고, 평신도가 성례전 집도를 포함해 목사가 하는 모든 것을 행할 수 있도록 부르심 받았다고 하는 것이다… 이와 같은 일반화는 교회 내의 전통에 의거한 것처럼 보인다. 그러나 그 전통은 성도들의 기능을 구별하면서도 질서를 강조한다. 모든 사람은 섬김을 위해서 하나님의 부르심을 받았고 그 섬김의 본질은 다르다. 그리고 그 섬김 안에는 성직자의 특별한 사역이 들어있다.[11]

목사의 역할을 부정하면서 평신도를 강조하는 것은 평신도의 사역이기 보다는 평신도의 반항이 될 수 있다. 그렇기 때문에 평신도 사역에는 목사가 필요하다. 앨버트 아우틀러(Albert Outler)는 이것을 다음과 같이 설명했다.

> 일반적인 만민제사장주의와 평신도의 안수 문제로 인해 특별한 사역이 존재한다는 사실이 없어지지는 않는다. 그리고 나는 교회 안에서 이 사역을 '대표 사역'(the representative ministry)이라고 부르고 싶다. 아메바 이상의 모든 생물체는 그들의 다양한 기관과 기능을 가지고 있으며, 그에 따른 기능의 구조를 보인다. 모든 평신도는 사역자이다. 그리고 모든 사역자는 평신도이다. 그러나 모든 평신도의 직분이 동일한 것은 아니다. 세상에서, 그리고 세상을 향한 교회의 사역의 효율성은 안수의 일반성에 따라 달라지는 것처럼 직분의 차이에 따라서도 다르다. 그리고 그 반대의 경우도 마찬가지다.[12]

평신도 사역에 대한 강조가 목회자로 안수 받는 것을 약화시키거나 부인하는 것은 아니다. 사실 이와 같은 평신도 사역이 목회자로 안수 받는 일을 더욱 의미 있게 한다고도 말할 수 있다. 사람들은 단순히 사역을 위해서만 안수를 받는 것이 아니다. 안수 받은 사역자는 많은 사역자들(평신도 사역자들)을 준비시키는 자로 부르심을 받은 것이다. 사역이란 단어는 결코 안수 받은 사람들에게만 해당되는 것이 아니다. 그것은 바로 하나님의 백성, 즉 라오스에게 해당되는 단어이다. 우리가 성경적으로 '사역'이란 단어와 '평신도'란 단어를 바르게 이해하고 사용하기를 원한다면 이 둘은 결코 나뉠 수 없다.

소명

A. 일 그리고 예배

우리가 사역에 대해서 이야기할 때 네 번째로 중요한 단어는 소명이다. 소명의 교리는 종종 '먼지 닦기'라는 이름의 신학으로 불리기도 한다. 먼지 닦기의 신학이란 무엇인가? 엘턴 트루블러드(Elton Trueblood)는 이렇게 말한다. "세속적인 일을 잘 해내는 것은 거룩한 엔터프라이즈(사업)를 하는 것과 같다."[13] 다른 말로 하면 월요일부터 금요일까지의 일은 단순한 세상 일이 아니라는 것이다. 그것은 하나님을 찬양하는 일이다. 일에 대해 우리가 올바르게 이해하고 있다면, 그것은 우선적으로 온전함을 세우는 일을 가리키게 될 것이다. 그것은 목적과 완전함을 주는 개념이다. 올바른 자신감은 창조성에서 기인한다. 트루블러드는 다음과 같이 부연 설명하고 있다. "일에 돈을 받는다는 것 외에 다른 자극이 없다면 그것은 자유보다 노예에 더 가까운 것이다."[14]

둘째로 만약 우리가 일에 대해 올바르게 이해했다면, 일이 우리가 드리는 예배의 연장이라는 것을 알 수 있다. 예배는 하나님께 대해 찬양을 드리는 것이다. 우리의 일도 이와 같다. 바울은 말하기를 "무엇을 하든지 다 하나님의 영광을 위하여"(고전 10:31) 해야 한다고 했다. 하나님의 영광을 위해 집을 짓거나, 옥수수를 키우거나, 환자를 수술하는 것은 충분히 가능한 일이다. 그렇게 볼 때 집안 바닥에 있는 먼지를 닦는 것이 예배와 찬양의 몸짓이 되는 것 역시 충분히 가능한 일이다. 그래서 우리가 먼지 닦이의 신학이라고 하는 것이다. 그러나 애석하게도 많은 평신도는 자신들의 직업을 전혀 종교적이지 않은 것으로 보고 있다. 많은 사람이 자신들의 일이 '세속화' 되도록 허락하는데, 그것은 자신들의 직업을 주님과 관계가 없는 일로 이해하고 있다는 사실을 의미한다.

평신도는 양극단에서 살아가는 존재이다. 그들은 '세상' 이라 불리는 세상에서, 아니면 '교회' 라고 불리는 세상에서 살고 있다. 나와 같이 안수를 받은 목사들은 거의 대부분을 교회라는 세상에서 살고 있지만 평신도들은 그렇지 못하다. 그들은 동일한 시간에 명백히 다른 두 세상 속에서 살고 있다.[15] 뿐만 아니라 그들이 이 두 세상에서 하는 행동은 지대한 중요성을 가지고 있다. 진정한 그리스도인 평신도들은 차를 고치는 기술자이든, 건물의 바닥을 완성하는 사람이든 간에 자신이 날마다 하는 일이 복음을 전하는 가장 좋은 방법이라고 생각하는 사람이다. 그리고 "나는 살아계신 하나님의 동역자이며 하나님이 창조하신 세상을 열심히 돕는 사람입니다"라고 자신을 소개하는 사람이다.[16]

B. 이중 사역

평신도는 두 개의 직업을 가지고 있다고 봐야 한다. 그들은 교회의 사역과 직업적인 사역을 동시에 가지고 있다. 이러한 개념은 평신도 사역을 이해하기 위해 이 둘의 균형을 맞추는 데 포함되어야 한다. 만일 우리가 직업적 소명을 빼고 교회 사역에 대해서만 계속해서 언급하게 된다면, 평신도들은 주중 오전 8시에서 오후 5시까지의 일들은 중요하지 않다고 생각하게 될 것이다. 그러한 생각은 그들이 일터를 떠날 때 자신의 시간을 낭비했다고 생각하게 만들 수도 있다. 그들은 오직 교회 안에서의 사역만이 하나님께 중요하다고 여기게 된다.

몇몇 교회에서는 사역이 교회 안에서만 완성되어진다고 강조하기도 한다. 또 다른 교회에서는 그리스도의 구조 안에서 직업적 사역에만 중요성을 두기도 한다. 그러나 평신도 사역에 대한 올바른 이해는 이것의 미묘한 균형을 이루는 데 있다. 그것은 한 가지만이 아니라 이 둘을 다 포함하는 것이다. 하나님은 우리 자신들과 우리의 일에 관해 지대한 관심을 가지고 계신다. 다음은 굉장한 성경의 교리를 말해주고 있는 '콘크리트의 하나님, 강철의 하나님'이란 제목의 찬양이다.

> 콘크리트의 하나님, 강철의 하나님 / 피스톤의 하나님, 바퀴의 하나님 / 교탑의 하나님, 증기의 하나님 / 대들보와 광선의 하나님 / 원자와 광산의 하나님 / 모든 세상의 힘은 당신입니다!
>
> 식탁의 주님, 기찻길의 주님 / 고속도로와 우편의 주님 / 로켓의 주님, 비행기의 주님 / 높이 뜬 위성의 주님 / 천둥 번개의 명확한 선의 주님 / 모든 세상의 속도는 당신입니다!
>
> 과학의 주님, 예술의 주님 / 지도와 표와 그림의 주님 / 물리와 탐구의 주님 / 성경과 믿음과 교회의 주님 / 연속과 디자인의 주님 / 모든 세상의 진실은 당신입니다!
>
> 하나님 당신의 영광이 지구에 가득합니다. / 당신이 만물을 태어나게 하셨고, / 부활의 힘으로 그리스도를 자유하게 하셨고, / 악한 어둠의 기운에서 세상을 구원하셨고, / 신령한 은혜로 인류를

구원하셨습니다. / 모든 세상의 사랑은 당신입니다!

("God of Concrete, God of Steel" Text by Richard G. Jones. ⓒ 1968 Strainer and Bell Ltd.

사역이 나아가는 길 중 하나는 바로 우리의 직업이다. 우리의 직업 안에서 우리가 행하는 일들이 바로 사역 그 자체이다. 다른 말로 하면 나의 아버지가 들에 나가 옥수수 농사를 지을 때 옥수수 농사를 짓는 그 행동은 사회에 기여하는 큰 사역일 뿐만 아니라, 하나님께도 설교를 준비하기 위해 내가 보내는 시간과 마찬가지로 중요한 것이라는 사실이다. 하나님은 우리가 어떻게 찬양하고 어떻게 기도하는지를 흥미롭게 보시는 것만큼 우리가 어떻게 집에 페인트를 칠하고 어떻게 접시를 닦는지도 흥미롭게 보신다. 우리는 하나님이 관심을 갖지 않으시는 직업적인 활동을 할 수 없다. 한 인기 있는 작가가 이러한 글을 남겼다.

> 요즘 세대는 '사역에 부름 받는다'라는 용어를 외국에 선교사로 가거나, 목회를 한다는 뜻으로만 제한적으로 사용해 왔다. 그 용어를 이렇게 사용하는 것이 틀린 것은 아니지만, 그렇다고 적합한 것도 아니다. 요즘 우리가 발견한 것이 있다…의식적인 노력으로 좀더 이전의 중요한 개념을 회복하려 한다. 요즘…목회를 위해 사역하는 젊은이들과 같이 농사를 지음으로써 사역하거나, 약학 또

는 법학을 함으로써 사역해보려 한다.[17]

C. 죄의식으로부터의 자유

한 번은 내가 직업에 대한 교리를 말했을 때 한 의사가 나에게 이런 말을 했다. "이 말씀을 듣고 내 어깨에 있던 죄의식이 얼마나 가벼워졌는지 당신은 상상할 수 없을 것입니다. 나는 종종 목회로 직업을 선택하지 않은 나 자신을 이류 시민인 것처럼 느껴왔습니다. 나의 직업이 얼마나 하나님께 중요한지 알지 못하고 있었습니다." 어떤 변호사는 어릴 적에 자신이 법과 관련된 일을 하고 싶다고 말했을 때 주변 사람들로부터 얼마나 많은 압력을 받았었는지를 이야기했다. 그는 이러한 압력들이 자신을 목회 사역에 부름 받은 사람보다 한 단계 낮은 사람처럼 느끼게 했다고 말했다. 그래서 그는 오랜 세월 동안 죄의식을 경험하며 살아왔다고 했다.

또 다른 사람은 이렇게 말했다. "나는 이러한 이야기를 한 번도 들어본 적이 없습니다. 이러한 방식의 사고는 정말로 나를 자유롭게 해줍니다. 내 직업이 하나님께 조금이라도 도움을 준다는 사실이 정말 기쁩니다."

토마스 길레스피(Tomas Gillespie)는 이렇게 기록하고 있다.

"각각 하나님의 백성(라오스)은 하나님의 부르심 아래 서있고, 개개인은 그 부르심에 대해 책임을 지고 있다. 이것은 바울이 스스로 '사도로 부르심을 받은'(롬 1:1, 고전 1:1, 갈 1:1) 사람이라고 말하는 것과 같은 것은 아니지만 그렇다고 반대도 아니다. 하나님의 부르심은 분명 개개인마다 다르며 구체적으로 구분되어 있다. 바울의 사도직은 이러한 사실을 알려주는 중요한 본보기이다. 그러나 이러한 예가 중세 시대에 '성직자'들만이 하나님의 '부르심'을 받았다고 주장하는 관점을 정당화하는 것은 아니다."[18]

그러므로 우리는 "나는 목회자가 아니다. 나는 목공이다"라는 말보다는 "나는 목공이라는 일을 통해 사역을 하고 있다"라고 자신을 설명해야 할 것이다. 왜냐하면 목공이라는 일이 그가 사역을 하는 곳에서 제외되지 않기 때문이다.

사역과 직업에는 차이가 있다. 사역은 어떠한 직업을 가진 사람이 주님의 종이 되기로 부름 받은 것을 의미하는 반면, 직업은 어떤 사람이 일하는 분야를 지칭한다. 다른 말로 하면 직업은 바뀔 수 있으나 그의 사역은 바뀌지 않는다. 사역은 그 사람의 직업과 상관없이 목회로 부름 받는 것을 말한다. 직업적인 사역은 정적(靜的)인 것이 아니라 동적(動的)인 것이다. 직업을 바꿀 때 우리는 사역의 변화를 가져오게 된다. 그러나 우리의 직업으로의 소명에는 변화가 없다.

한 교회의 연회장에서 있었던 이야기이다. "오늘날 진정한 믿음의 싸움은 공장에서, 상점에서, 사무실에서, 그리고 밭과 정당 안과 정부 기구에서, 셀 수 없이 많은 집안에서, 언론에서, 라디오와 텔레비전에서, 그리고 나라 사이에서 일어나고 있다. 우리는 자주 교회들이 이러한 세계에 들어가야 한다고 말하지만, 사실 교회는 이미 그 사이에 라오스(하나님의 사람들)를 통해 들어가 있다."[19] 바울이 "그런즉 너희가 먹든지 마시든지 무엇을 하든지 다 하나님의 영광을 위하여 하라"(고전 10:31)고 했을 때, 그는 이 말을 목사나 종교적인 일을 하는 사람에게만 제한한 것이 아니다. 그는 평신도들이 행하는 모든 활동에 대해 말하고 있는 것이다.

지금까지 우리는 '교회', '사역', '평신도', '소명'이라는 네 가지 단어들을 살펴봄으로써 평신도 사역의 신학을 이해하는 데 도움을 얻을 수 있었다.

| 토의 문제 |

1. 왜 평신도 사역 신학을 가지는 것이 중요한가?

2. 평신도를 위한 신학과 평신도 신학을 당신은 어떻게 구분하겠는가?

3. '성육신의 신학'은 무엇을 의미하는가?

4. 다음의 진술에 대한 당신의 견해는 어떠한가?

   "하나님의 사람들의 사역은 교회 안에 있는 만큼 세상에도 많다."

5. 당신은 모든 믿는 자들의 사역과 목사들의 특성화된 사역을 어떻게 구분하겠는가?

6. '먼지 닦이의 신학'이란 의미는 무엇인가?

7. 직업과 직업적 사역의 차이점은 무엇인가?

2장 신학 살펴보기

"너희 중에 누구든지 크고자 하는 자는 너희를 섬기는 자가 되고 너희 중에 누구든지 으뜸이 되고자 하는 자는 너희의 종이 되어야 하리라" (마 20:26-27)

03 역사가 우리에게 말해주는 사실
What History Tells Us

평신도 사역이라는 개념은 결코 새로운 것이 아니다. 평신도 사역의 역사를 간략하게 살펴보는 것은 우리에게 평신도 사역이 갖는 위험 요소들을 피할 수 있도록 도울 것이며, 또한 평신도 사역의 성공으로부터 배울 수 있도록 우리를 도울 것이다. 우리가 평신도이든지 혹은 목사이든지 간에 이러한 연구들은 우리가 감당하고 있는 사역을 좀더 효과적으로 돕게 될 것이다.

만일 본래의 성경적 의도대로 모든 그리스도인이 사역자로 간주된다면 어떻게 우리가 소수의 하나님의 사람들만이 사역자이고 나머지 사람들은 평신도라는 사실을 받아들일 수 있겠는가?

▬ 목사 – 평신도의 분열

A. '클레로스'(Kleros)와 '라오스'(Laos)

어떻게 해서 목사와 평신도가 이처럼 분리된 존재로 느껴지게 되었는가? 이러한 현상을 이해하기 위해 우리는 그리스 단어인 클레로스와 라오스를 살펴볼 것이다. 처음 이 단어들을 들으면 클레로스는 목사로, 라오스는 평신도라고 추측할지도 모른다. 하지만 우리는 이미 라오스라는 단어가 의미하는 것이 사람들 혹은 하나님의 백성임을 알고 있다.

그러면 클레로스라는 단어는 어떤 뜻을 가지고 있는가? 그것은 다른 그룹의 사람들을 의미하는 말인가? 임명을 받은 사람들을 말하는 것인가? 목사와 비교할 만한 다른 사람들을 말하는 것인가? 전혀 그렇지 않다. 클레로스란 단순히 몫이나 어떤 것의 일부를 뜻하는 말이다. 그것은 선별된 한 부분 또는 구별된 한 부분을 뜻하는 말이다. 어떤 사람은 이러한 클레로스라는 그리스 단어가 신약성경에 나타날 때에 구별된 사람들, 즉 목사를 의미하는 것이라고 생각할 수도 있다. 하지만 이 단어는 그러한 의미로 쓰인 단어가 아니다. 성경에 클레로스와 라오스라는 두 단어가 나타날 때마다, 그 단어들은 동일한 사람들을 의미하는 것으로 하나님과 동행하는 모든 사람의 일부라는 뜻으로 사용되고 있다.

예수님의 제자로서 당신은 "나는 라오스(하나님의 사람들)의 한 부분이며, 클레로스(하나님의 일을 하도록 특별히 구별된 사람)의 한 부분이다"라고 말할 수 있다. 목회자와 평신도를 구별하려는 시도는 성경이 쓰여진 시대에는 알려지지 않았던 것이다.

엘턴 트루블러드는 그의 책에서 이렇게 말하고 있다.

> 52년 고린도에 있던 첫 번째 교회와 1952년 테크노폴리스에 있던 교회의 차이점은 정말로 어마어마하다. 고린도의 그리스도인들은 교회 건물이 없어서 회당이나 개인의 집을 교회로 사용했다. 당시 사람들은 부족하기는 했지만 헌신된 사람들로서 선교에 대한 열정으로 불타올랐다. 그리고 그들은 모든 사람이 활동적으로 사역에 참여하고 있었다는 점에서 엄청난 힘을 가진 사람들로 그려 볼 수 있다. 당시의 사람들은 전문적이지는 못했지만 사역을 해야 한다고 느끼고 있었으며, 실제로 사역을 감당하는 평신도들이었다.[1]

라오스라는 단어는 신약성경에서 쉽게 찾을 수 있지만 라이코스, 즉 교육 받지 않은 무리라는 뜻을 가진 이 단어는 신약성경에서 찾아볼 수가 없다. 이상한 것은 오늘날 우리가 생각하는 평신도라는 단어의 의미는 라이코스라는 사실이다. 다시 말해 우리는 교육 받지 못하고 훈련 받지 못한 사람들, 신학대학에서 교육 받지 않은 사람들

3장 역사가 우리에게 말해주는 사실

을 평신도라고 생각한다는 것이다.

그리스도인들이 쓴 글에서 이러한 의미로 쓰인 평신도라는 단어는 로마의 클레멘트(Clement)라는 사람이 A.D. 95년쯤 고린도에 있는 교회에 보낸 편지에서 처음으로 나타난다(외경 클레멘트 1서 40:6). 이 편지에서 클레멘트는 큰 무리의 사람들을 성직자나 레위인들과 대조적인 존재로 보았다. 그런데 불행하게도 그의 이러한 구분이 수 세기 동안이나 계속 이어지고 있다. 그래서 목회자라는 말은 훈련된 사람들을 가리키는 말로, 평신도라는 말은 훈련되지 않은 사람들을 가리키는 말로 이분화되어 계속해서 교회 안에 남아있게 된 것이다.

초기 기독교 시대의 교부들은 평신도들의 사역을 지지했다. 저스틴 마터(Justin Martyr)와 이레니우스(Irenaeus)는 평신도를 진정한 제사장으로 보았다. 터툴리안(Tertullian)은 침(세)례를 평신도의 안수식으로 간주할 수 있다고 말했다. 그러나 이러한 내용과는 다르게 목회자와 평신도 사이의 간격은 점점 넓어져 그 구분이 명확해졌다. 먼저 제롬(Jerome)이 쓴 초기의 글을 보면 목회자들이 엘리트 의식을 가지고 있는 것처럼 그려진 것을 볼 수 있다. 클레로스라는 단어가 점차로 발전된 의미를 갖는 것에서도 이 사실을 확인할 수 있다. 한스 큉(Hans Kuing)은 이렇게 말했다.

사도행전 1장 26절에 보면 클레로스란 단어가 본래의 의미대로 사용되고 있음을 볼 수 있다. 그것은 누가 유다의 후계자가 될 것인가를 결정하는 데 있어서 하나님의 뜻을 표현한 부분에 사용되었다. 클레로스라는 단어는 이 본래의 의미에서 점차적으로 일반적인 의미를 가지게 되었는데, 본래 '어떠한 사람에게 할당을 받다' 라는 의미였다.…이것은 클레러스(Clerus)라는 단어가 사용되도록 했는데…결국에는 교회의 조직에 임명된 사람들을 뜻하는 단어가 되었다. 오리겐(Origen)이 활동했던 시기에는 클레로스라는 단어가 교회 조직 안에서 일하는 사람들을 가리키는 말로, 일반 사람들과는 다르게 인식되는 사람들을 일컫는 데 사용되었다. 결국 제롬이 말하는 클레러스(Clerus)라는 단어는 '주님의 특별한 도구, 주님은 그들의 한 부분, 그들의 몫'이라는 의미를 가지고 있다.²

클레로스(Kleros)

보내는 이 :

주님의 특별한 도구, 그들의 한 부분(하나님의 백성 모두)

받는 이 :

주님의 한 부분(오직 목사만)

B. 기능에서 지위로

클레로스는 본래 하나님의 모든 사람을 뜻하는 단어였지만, 이것은 라오스 가운데서 구별된 사람들의 작은 모임 혹은 선택된 사람들이라는 의미로 쓰여 왔다. 그리고 그 후에 교회의 역사를 거치면서 클레로스라는 단어는 사람들의 모임이라는 뜻에서 특별한 권리를 가진 사람들의 모임이라는 의미로 발전하게 되었다. 클레로스라는 단어가 특별한 지위라는 말과 같은 의미를 가지게 된 것이다.

교회의 역사를 살펴보면 목사라고 알려진 하나님의 백성이 점차적으로 평신도(라오스)라는 존재와 멀어지고, 구별되어 가는 것을 볼 수 있다. 목사들은 "늘어나는 특권과 자신만의 세계를 가진 새로운 사회적 계급으로 자라갔다. 개인적인 특권, 면제, 옷, 직위, 일, 그리고 자신들만의 라틴 문화와 라틴 전례들…하지만 사실 초대 교회에서는 성령의 은사와 해야 할 일들의 구별은 있었지만, 목사로 불리는 그룹들과 평신도라 불리는 그룹들 간의 차이점은 없었다."[3]

물론 목사들이 실제적인 면에서 평신도들과 다른 기능을 한다는 점에는 대부분의 사람들이 동의할 것이다. 예를 들어 대부분의 사람들은 주일 아침에 일어나 강단에서 설교 말씀을 전하지 않아도 된다. 그러나 이러한 사실을 언급하는 것은 매우 비실제적이다. 그리고 논쟁거리가 될 수도 있다. 목사와 평신도의 구별은 사역에서 서로 다른 기능을 한다는 차원에서 이루어져야 한다. 잘못된 믿음에서 형성된 어떤 이들의 생각과 같이 어떤 사람들은 사역자(목사)이고 어떠한 사람들은 사역자가 아니(평신도)라는 구별된 생각을 가져서는 안 된다. 우리는 다른 방식으로 목사와 평신도가 구별된다는 것을 알아야 한다. 그것은 누가 무엇을 하는가에 따른 기능적인 문제이지, 무엇이 그것의 본질인가 혹은 핵심인가 하는 존재론적인 문제는 아니다.

　　이러한 구분법에 대해 좀더 예를 들어 설명해 보자. 나는 시골 농장에서 아버지께 언제나 집게를 가지고 다니라는 가르침을 들으며 성장했다. 내가 집게와 렌치를 손에 들고 있다고 가정해 보자. 집게와 렌치는 어떤 면에서 다른가? 기능적인 면에서인가 아니면 존재적인 면에서인가? 그것들이 하는 일, 즉 기능에 있어서 다른 것인가 아니면 그것들의 존재 자체가 다른 것인가? 이 둘이 서로 다른 것은 그 존재 때문이 아니라 각각의 기능이 다르기 때문이다. 집게와 렌치는 서로 다른 일을 수행한다. 이것들은 같은 목적을 위해서 사용되지 않는다. 그러나 이 둘은 존재적인 면에서는 같다고 할 수 있다. 왜냐하면 둘은 모두 같은 재질의 금속으로 만들어졌기 때문이다. 만약 내가 그것들을 용광로에서 불로 녹인다면, 나는 두 개의 도구가 하나로 합쳐지는 모습을 볼 것이다. 그러나 만약 내가 집게와 바나나를 잡고 있었다면 이 경우는 어떻게 표현할 수 있을까? 이것을 기능적으로 다르다고 말할 수 있을까? 물론 그렇다고 할 수도 있을 것이다. 뿐만 아니라 이것은 존재적으로도 다르다고 할 수 있다. 집게 한 쌍과 바나나는 그것들이 하는 일 자체도 다를 뿐 아니라 그것들의 본질 자체도 다르다. 이 둘의 진정한 본질은 아주 다른 것이라 말할 수 있다.

목회자와 평신도를 구분하는 것은 합법적인 일이며 또한 옳은 일이다. 하지만 그 둘의 구별은 그것의 기능에 근거하는 것이지 그 본질의 차이에 근거하는 것이 아니다. 평신도와 목사가 그 지위에 있어서 차이가 있다고 구분한다면 그것은 모든 사람을 사역으로 대등하게 부르신 하나님의 사람들에 대해 잘못 이해한 것이다.

목사나 목회자들은 자신들의 지위 때문에 주춧돌에 올려진 사람들처럼 행세하면서 다른 사람들과 구분되려고 해서는 안 된다. 목공 일을 하는 사람은 설교를 하는 사람과는 기능적으로 다른 일을 한다. 그들이 다른 일을 한다는 점에 대해서 어떤 사람도 의구심을 갖지 않을 것이다. 하지만 그들이 구분되는 이유가 그들의 존재 자체 때문이 아니라 그들이 무엇을 하느냐가 그들을 구분하는 근거가 된다. 두 부류의 사람들은 모두 사역을 위해 부르심을 받았다. 그들은 단순하게 각기 다른 사역을 위해 부르심을 받은 것이다.

C. 차이가 커지다

계속해서 교회의 역사를 살펴보면 평신도와 목회자 사이의 간격이 점점 더 벌어지는 것을 볼 수 있다. 2세기가 끝날 때쯤에는 교회의 거의 모든 부분에서 평신도들의 가르치는 일이 허락되지 않았다. A.D. 325년 초기에 열린 니케아 공의회에서는 교회를 '목사들의 체제'(Clerical Order)라고 정의하였다. 교회란 단어는 이미 그 의미에서 목사를 포함하게 된 것이다. 그 후에 교회는 '감독이 있는 곳' 이라는 뜻으로까지 발전하게 되었다. 감독이 공동체를 돌보게 되었던 것이다. 불행하게도 이와 같은 교회의 정의로 인해 교회를 구성하는 대부분의 사람들은 제외되었다.

250년대 초반부터는 목사를 세우기 위해 안수하는 일이 교회 안에서 빼놓을 수 없는 일이 되었다. 그 일은 후에 목회자와 평신도를 구분하는 데 잘못된 방법으로 사용되었다. 안수는 매우 중요한 일이며 오늘날에도 행해지는 일이다. 하지만 이 일은 평신도에게 그들 자신이 사역자가 아니라는 사실을 느끼게 하려고 행하는 것은 아니다. 그렇다고 이것이 초기 기독교 교회 지도자들이 자신의 힘을 키우는 데 굶주려 평신도들에게서 자신들의 사역을 훔쳐내려고 했다고 말하는 것은 아니다. 이 이야기는 그런 것과는 아주 다른 이야기이다.

초기 기독교 지도자들에 대한 많은 외부의 압력들이 목사와 평신도들을 이러한 방향으로 이끌어온 것이다. 이러한 예로 초기 기독교 시대에는 많은 잘못된 가르침, 즉 이단의 사상들이 교회를 어지럽히고 있었다. 영지주의나 몬타니즘과 같은 사상들은 기독교 신앙의 진실성을 위협했다. 또한 우상 숭배와 박해도 초대 교회에 계속되었던 위협적인 요소들이었다. 이러한 압력으로 세 가지 결과가 나타났다. (1) 기독교 교의(敎義)의 발전을 이루어 사람들에게 믿어야 할 것과 믿지 말아야 할 것을 깨닫게 했다. (2) 정경에 대한 정리가 이루어져서 교회가 성경에 대한 권위를 갖게 되었다. (3) 목회자가 생겨남으로 인해 어떤 사람들은 믿음을 수호하고 유지하는 특별한 훈련을 받게 되었다.

압력(Pressures)
1. 잘못된 가르침(wrong teaching)
2. 이교 사상(paganism)
3. 박해(persecution)

결과(Results)
1. 신조(creeds)
2. 정경(Canon-Bible)
3. 목사(clergy)

4세기경에 기록된 사도들의 글에 보면 평신도는 단순히 "앉아서 아멘"만 해야 한다고 가르치고 있다. 그것은 오늘날 평신도에게 요구되는 일, 즉 "헌금을 내고, 기도하고, 지도자들에게 순종해야 한다는 신드롬"과 크게 다르지 않다.

아마도 A.D. 590년에서 1517년까지의 1,000년 동안 이어졌던 중세 시대가 교회 역사 가운데 평신도와 목회자의 분리를 가장 명확하게 보여주는 시기였을 것이다. 두 개의 거대한 장벽이 목회자와 평신도를 더욱 멀어지도록 했는데, 그 가운데 하나는 언어의 장벽이었다. 당시의 예배는 참석한 사람들이 이해할 수 없는 언어로 진행되었다. 두 번째 장벽은 성찬의 장벽이었다. 교회는 성찬에 대해 그것이 하나님 나라에 들어가기 위한 확실한 방법임으로 성찬식에 규칙적으로 참여해야 한다는 교리를 가르치기 시작했다. 이 가르침은 그 지역의 목사가 평신도에게 성찬을 거부하는 방법으로 그들을 하나님 나라에 들어가지 못하게 할 수 있다는 의미를 동시에 내포하고 있었다. 목사의 손에 하늘의 영원한 상급과 벌이 달려있다는 것이다. 몇몇의 역사학자들은 성찬에 대한 이러한 이론들이 목사와 평신도의 간격을 더욱 크게 한 중요한 요인이 되었다고 지적한다.

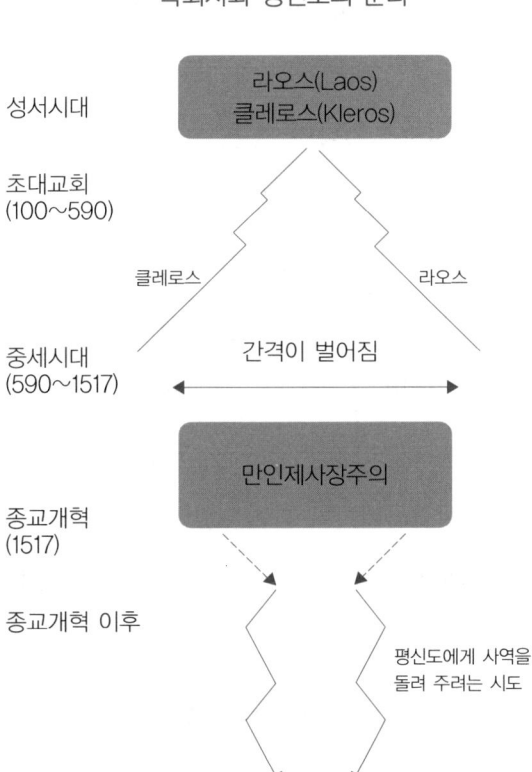

　크리스토퍼 브룩(Christopher Brooke)은 기록하기를 "중세 시대에는 목사와 평신도 사이에 있어서 근본적인 차이점은 존재하지 않았다"[4]라고 했다. 아마도 A.D. 619년에 있었던 세빌 위원회(Council of Seville)에서 만들어진 선언이 가장 흥미로운 것 중 하나가 될 것이다. 이 선언에서 위원들은 평신도들이 목사들로부터 분리되어야 한다고 결정했다. 그들은 신명기 22장 10절의 말씀에 근거해 성경적인 정의를 내리면서, 소와 당나귀에게 함께 멍에를 매게 해서는 안 된다고 말했다. 이그나티우스는 말하길 평신도들은 그들의 목사를 두려워해야 한다고 했다. "그들은 하나님께 영예를 받은 감독에게 영예를 드려야 한다. 감독의 지시가 없다면 그들은 사탄을 섬기게 될 뿐이다."[5]

중세 시대에 있었던 평신도들의 중요한 활동은 단지 두 가지 정도로 꼽을 수 있다. 하나는 거룩한 땅을 차지하기 위해 그리스도인들이 일으킨 십자군 운동이었다. 이것은 '평화의 왕자'라 불리는 사람에 의해 시작된 것이라고는 하나 교회사에 있어서 매우 비극적인 사건이었다. 이러한 일들이 있는 동안 기독교 공동체는 적절하게 평신도들의 열정을 이끌어내기가 불가능했다. 또 다른 평신도 활동의 하나는 성전 건축 활동이었다. 때때로 이러한 것은 평신도 사역으로 보이지 않기도 하나, 당시의 장인들과 예술가들은 이러한 활동들을 하나님께 대한 찬양을 표현하는 것으로 생각했다.

평신도의 설교 운동

교회의 역사를 보면 평신도들이 복음을 선포하려는 시도들이 많았음이 발견된다. 그 중 몇몇은 분명한 이단 운동이었다. 하지만 나머지는 선의에 따라 의로운 평신도들이 일으킨 운동으로서, 목회자들이 자신들의 일을 잘하지 못한다고 느끼는 사람들에 의해 일어난 운동이었다.

A. 중세 시대의 시도와 그것에 반대하는 움직임

교회의 지도자들은 이러한 움직임에 대해 다양한 방법으로 반응하고 행동했다. 692년에 있었던 트룰란 의회에서는 평신도가 더 이상 공공장소에서 말씀을 전하지 못한다고 선언했다. 교황 레오 1세는 평신도들이 말씀을 전하는 것에 반대하는 의견을 두 개의 다른 교회의 의회에-813년에는 트러스 의회에, 836년에는 아켄 의회에-제기했다. 이러한 반대가 있었다는 사실은 역사상 평신도가 말씀을 전했던 일이 분명하게 있었음을 역설적으로 입증하는 셈이 된다.

평신도 운동을 이끌었던 지도자로서 교회 역사에 잘 알려져 있는 두 인물은 도미니크(Dominic, 1170~1221)와 프란시스(Francis, 1182~1226)였다. 이들은 각자 신앙 공동체를 이끌었는데, 이 두 공동체에는 본래 평신도 신분이면서 말씀을 전하는 사람들이 있었다. 도미니크가 이끌었던 공동체의 설교자들은 선교사 출신의 엘리트들로서 이 공동체에 지원하여 스스로 가난하게 살며, 그리스도를 위해 자신을 부인하는 사람들이었다. 프란시스의 공동체에 있던 설교자들은 본래 회개를 요청하는 설교자들로 알려졌는데, 그들 역시 가난한 사람들을 위해 조직되었다. 그 밖에 평신도에 의해 말씀이 전해졌던 운동은 브뤼스의 피터(Peter of Bruys)나 수사 헨리(Henry Monk) 같은 사람들이 이끌었던 운동들이다. 11세기의 잘 알려지지 않은 평신도에 의한 말씀 운동에는 밀라니즈 파타린즈(Milanese Patarines)가 있다. 그리고 좀더 알려진 운동에는 발도 파(Waldenses)라는 피터 발도(Peter Waldo, 1140~1187)가 이끈 신앙 공동체에 일어난 흥미로운 운동이 있다. 발도 파의 평신도 설교자들은 리옹에 사는 가난한 자들로 알려졌었다. 후에 이 공동체는 성직자들의 개입을 반대하는 단체로 빠르게 성장했고 그들은 많은 문제로 교회 지도자들과 부딪치게 되었다. 이와 반대로 프란체스코 수도회(Franciscan)는 프란체스코의 제자들로 이루어진 공동체로서 성직자의 개입을 반대하는 단체가 아니었으며, 그들은 교회의 지지를 받으며 일하기를 선택했다.

두 교황, 알렉산더 3세(Alexander III, ?~1181)와 루치우스 3세(Lucius III, 1097~1185)는 평신도들이 말씀을 전하는 사역을 금지시키려 했다. 그러나 그들과는 반대로 교황 이노센트 3세(Innocent III, 1160~1216)는 평신도들에게 말씀을 전할 수 있는 기회를 주려고 노력했다. 교황 이노센트 3세가 말씀을 전할 수 있도록 허락한 평신도 단체는 이탈리아 북쪽 출신의 후밀리아티(Humiliati)로 알려져 있다. 1215년에 있었던 라테란 제4차 의회에서는 모든 가톨릭 교회에서 평신도들의 말씀 전하는 일을 금지시켰다.

평신도 설교자를 훈련시키는 일로 잘 알려진 사람 중 한 명은 존 위클리프(John Wycliffee)이다. 위클리프와 영국의 가난한 평신도 설교자들은 교회의 타락을 비난했으며, 위클리프는 평신도와 목회자의 분리를 반대했다. 그는 가정에서 할 수 있는 작은 성경공부 그룹 수백 개를 세웠다. 그러나 1545년부터 1563년까지 열렸던 트렌트 종교회의에서는 설교 말씀은 오직 감독과 목회자들만이 전할 수 있다고 결정했다. 이와 같은 평신도들의 말씀 전하는 일에 대한 제한은 1917년 주리스 캐노니시스 법령(Codex Juris Canonicis)을 제정하는 계기를 제공했고, 그것은 그 다음 해에 더욱 효력을 나타내게 되었다. 아이러니한 사실은 후에 로도비코 노고롤라(Lodovico Nogorola)라는 이름을 가진 평신도가, 평신도의 말씀 전하는 것을 막은 의회인 트렌트 공회에서 하나님의 말씀을 전하게 되었다는 것이다.

B. 영국에서의 노력들

1500년도와 1600년도 사이에 영국에서는 평신도들의 말씀 전하는 사역이 활성화되었다. 로버트 브라운(Robert Brown)과 헨리 배로(Henry Barrowe)는 모두 영국 사람으로, 세상의 모든 평신도에게 말씀 전하는 일이 허락되어야 한다는 것을 주장하고, 그것을 교회에 관철시키는 데 공헌한 사람들이다. 1600년도 중반에 존 테일러(John Taylor)는 말씀을 전하기 위해 자신의 직장을 떠나는 평신도들에 대해 분명한 반대 의사를 밝혔다. 또 당시 나온 글에 의하면 토마스 홀(Tomas Hall)과 토마스 콜리(Tomas Collier)가 평신도의 말씀 전하는 일에 대해 대립된 의견을 내놓았음을 확인할 수 있다. 홀은 말하기를 평신도들은 무지하기 때문에 말씀 전하는 일을 해서는 안 된다고 했다. 반대로 콜리는 사도들 역시 배우지 못한 사람들이었음에도 불구하고 말씀 전하였던 것을 상기시키며, 따라서 어떠한 평신도라도 말씀을 전할 수 있다고 주장했다. 영국인 돈 룹턴(Don Lupton)도 1651년에 출판된 그의 소책자에서 평신도들의 말씀 전하는 일을 지지했다. 그는 한 사람의 평신도의 재능을 숨기는 것은 하나님 앞에서 죄를 짓는 것이라고 말하기도 했다. 존 마틴(John Martin)은 이러한 논쟁에 「보냄 받은 목사」라는 제목의 소책자로 합세했다. 그는 평신도들이 말씀 전하는 데 많은 고난이 있었음을 인정하며, 자신의 책에 "좋은 것에 대한 학대가 그 자체를 무효로 하지는 못한다"고 기록했다.

　　1500년대 영국에서 일어난 평신도들의 말씀 전하는 일에 대한 열정은 1660년도에서 1700년도의 1/3이 되는 시점에 눈에 띄게 줄었다. 당시 많은 평신도들이 교회 사역에 속하기를 원하였다는 사실은 관찰해볼 만한 흥미로운 일이다. 물론 설교를 하는 일 이외에도 평신도이 할 수 있는 사역은 많다. 하지만 중세 시대에는 수많은 하나님의 백성이 평신도들의 말씀 전하는 일에 매력을 느꼈던 것 같다.

　　교회 지도자들이 평신도들에게 말씀 전하는 사역을 권했다는 사실은 반드시 확인해야 하는 일이다. 몇몇 교단에서는 평신도이면서 말씀 전하는 사역에 함께하고 싶어하는 이들을 위해 충분한 훈련을 제공하기도 했다. 한스 큉(Hans Kuing)은 다음과 같이 말한다.

> "평신도가 말씀을 전한다는 생각이 사람들 사이에서 다시 일어나는 데 대한 아주 좋은 이유들이 존재하는 것 같다. 평신도가 전하는 말씀이 알맞게 적절한 상태로 제공되면서 올바르게 정리된다면, 이러한 견해는 단순히 신약에 의해 지지되는 것이 아니라 지금 보이는 교회와 세상-세상에 대한 권위를 잃어버린 교회의 힘과 자라나고 있는 세속적인 힘, 그리고 목사들과 평신도의 성숙이 부족해 보이는 교회-두 곳에서 모두 지지를 받을 수 있다…하지만 모든 그리스도인들이-그리스도인이라면 누구나 말씀을 전하고 그의 믿음에 관한 개인적인 간증을 하라고 부르심을 받았지만-공동체 안에서 설교 말씀을 전해야만 하는 것은 아니다. 성령의 은사는 다양하다. 그리고 그리스도인에게 주어진 은사는 감사함과 더불어 밖으로 알려져야 하며 행함이 있어야 한다. 이러한 방법으로 평신도에 의한 말씀 선포는 교회의 특별한 허가나 훈련 없이도 가능하게 된다."[6]

C. 루터가 개혁자들을 이끌다

목회자와 평신도의 분리는 교회 역사를 거치면서 점점 더 심각해졌다. 목회자는 사역자가 되었으며, 평신도는 수동적으로 움직이는 거대한 존재들로서 목회자의 가르침을 받아들이고 이해하는 사람들이 되었다. 이러한 잘못된 생각들을 고치려는 많은 시도가 있었는데, 그 중 가장 잘 알려진 것이 프로테스탄트의 개혁이다. 1517년 마틴 루터(Martin Luther)는 특별한 결과들을 가져온 아주 평범한 개혁 운동을 시도했다. 그는 교회 안에 존재하던 기존의 생각들을 반박하고 공개 토론의 이슈가 될 것들의 목록을 기록하여 교회 정문에 붙였다. 이러한 행동은 마틴 루터 시대에 일반적으로 있었던 일이었다. 사실상 마틴 루터는 어떤 사람이 말한 것처럼 이 95개의 불만 조항들을 복사하여 독일 전체에 뿌리게 될 것이라고는 생각지 못했다.

그러나 루터가 정문에 붙인 벽보의 문장들로 말미암아 저항 운동이 거세게 일어났다. 이 운동은 독일에서부터 시작하여 다른 많은 나라로 확산되었는데, 이는 엄청나게 큰 신학적, 정치적, 그리고 사회적인 대변동을 일으켰다고 할 만한 것이었다. 마틴 루터의 주장은 네 가지 '오직'(Solas)이라고 불리던 말로 집약된다. 그것은 "오직 믿음, 오직 예수, 오직 은혜, 오직 말씀"(Sola fide, Sola Christa, Sola Gratia, Sola Scriptura)이었다.

이와 같은 개혁 신학은 사회 전반에 걸쳐 놀랍고도 풍성한 영향을 미쳤다. 그것은 독일에서의 삶의 많은 부분에도 영향을 미쳤다. 그 가운데 루터가 직접 언급한 한 가지는 바로 평신도 사역에 관한 것이었다. 1520년에 그는 세 개의 조약을 작성했다. 그 중 하나는

3장 역사가 우리에게 말해주는 사실

'독일의 귀족들에게'라고 불리는 조약이었다. 이 조약에서 루터는 논란을 일으킬 여지가 다분한 사실을 발표했다.

> "평신도나 성직자, 왕족, 감독, 로마의 언어를 쓰는 사람이나, 종교적인 것과 세속적인 것에 있어서나, 그들이 어떤 지위에 있든지 어떤 직업을 가지고 있든지, 모든 그리스도인에게 있어서 그 차이는 존재하지 않는다. 우리 모두에게는 영적인 지위가 있으며, 하나님을 믿는 모든 사람은 참으로 성직자이고, 감독이며, 교황이다."

이 글에서 루터는 무엇을 말하고 있는가? 그는 평신도들이 스스로 자신을 참된 사역자나 목사로 보아야 한다고 말하는 것이다. 이러한 루터의 말이 오늘날 우리에게는 그렇게 새로운 것으로 들리지 않을 수 있다. 하지만 만약 우리가 16세기에 독일에서 살고 있었다면 그의 말은 당시를 살아가던 우리에게는 폭탄선언이나 마찬가지였을 것이다.

종교개혁 이후에 가장 인기 있던 문구는 아마도 '모든 믿는 사람이 제사장'이라는 말일 것이다. 그러나 이것은 또한 종교개혁에 대해 사람들이 가장 오해하는 문장이기도 하다. 이 말은 모든 사람이 그들 자신의 목사가 된다는 의미가 아니다. 이 말의 진정한 의미는 자신이 다른 사람들에게 목사의 일을 할 수 있다는 것이다. 나는 스스로 나 자신을 위한 목사로 여기지 않는다. 나는 다른 기독교인들과 동떨어져서는 어떤 사역도 할 수 없다. 오히려 우리는 하나님 앞에서 다른 사람들을 위해 목사로 존재하고 있는 것이다. 더 나아가 '모든 믿는 사람이 제사장'이라는 말에서 우리가 알 수 있는 제사장이라는 의미는 목사라는 특권이 아니라 섬김에 바탕을 두고 있다는 것이다. 우리는 스스로를 칭찬하며 "오, 나는 정말 대단해! 나는 목사야"라고 말할 수 없는 것이다. 우리는 단지 목사로서 이웃을 섬기는 일에 하나님으로부터 부르심을 받은 사람일 뿐이다.

이제 루터가 살았던 시대의 사람들은 우리 모두가 제사장의 직분을 가지고 있다는 사실에 놀라지 않을 것이다. 그리고 이러한 말씀은 우리에게도 놀라운 일이 아니다. 베드로전서 2장에서 볼 수 있는 것처럼 성경은 모든 믿는 사람이 제사장의 직분을 가지고 있다고 말한다. 히브리서에서도 모든 그리스도인이 제사장이며 하나님께 제물을 드려야 한다고 말하고 있다. 안수를 받았다는 것만으로 목사가 될 수는 없다. 한 사람이 공동체 안에서 목사가 되려면 사람들과 믿음으로 함께해야 하며, 하나님의 사람들의 일부분이 되어야 한다. 신약에서는 오직 두 종류의 목사에 대해서만 말하고 있다. 하나는 주님의 목사이며, 다른 하나는 모든 믿는 자들의 목사이다.

종교개혁은 교회 안에서 평신도의 사역만을 강조하는 것이 아니라, 그들의 직업적인 사역도 강조했다. 기독교 신학에서 말하는 소명은 일반적으로 두 가지 의미를 가지고 있다. 그 첫 번째 의미는 회개와 믿음에 대한 부르심이다. 하지만 우리의 목적을 위해서는 두 번째의 정의를 더욱 깊이 생각해 보아야 한다. 그것은 바로 소명은 자신의 이웃을 섬기기 위한 부르심이라는 것이다. 루터는 성스러운(영적인)것과 세속적인(세상적인)것을 구분하지 않았다. 그는 하나님이 영적인 것과 세상적인 것의 차이가 없다고 보심을 이해한 것이다. 루터에게는 어떤 사람이 농사짓는 일을 하거나 우유 짜는 일을 하는 것이 하나님 앞에서 말씀을 전하는 것과 마찬가지로 중요한 일이었다. 그에게 있어 평신도 사역은 분명 사람들이 형제자매와 맺는 관계까지 포함하고 있었다.

> 그리스도께 속한 사람은 그의 인생에서 처한 상황이나 부르심, 또는 역할을 통해 그의 이웃을 사랑하라는 그리스도의 명령을 충족시키게 된다. 이러한 상황(예를 들어 남편, 아내, 사업가, 우유 짜는 소녀 등)들은 자연의 법칙이 구체화된 것이며, 만약 그리스도인들이 이러한 책임을 무시한다면 이는 하나님의 뜻에 불순종하는 것이 된다. 이러한 루터의 관점이 미친 영향은 (1)특별한 공적으로 얻은 교회의 지위나 종교적인 소명을 박탈했다. 그들 한 사람을 날마다 든든하게 하는 일에서 미혹시킬 경우 그들에게 책임감이 없다고 비난하기도 한다. (2)세속적인 직업 또한 긍정적인 종교적

의미를 가지고 있다고 생각하게 했다.[7]

아마 동일한 시기에 평신도의 직업적 사역에 대해 가장 의미 있는 주장을 한 사람은 윌리엄 틴들(William Tyndale, 1494~1536)이다. 그는 이렇게 기록하고 있다.

"당신이 부엌에서 사역을 한다고 하면서 단순히 부엌에서 일하는 사람밖에 되지 않는다면…하나님께서 당신을 그곳에 두셨다는 사실을 다시 한 번 생각해야 합니다…만일 당신이 일을 비교할 때 그릇을 닦는 일과 하나님의 말씀을 전하는 일에 차이가 있다는 것을 당신은 알게 될 것입니다. 누구든지 재봉사나 장사꾼이나 남편이나 자신의 재능으로 일을 하며, 그의 이웃을 예수님께 하듯 섬기는 사람이 바로 올바른 방법으로 하나님을 기쁘시게 하는 사람인 것입니다."[8]

평신도 사역에 대한 신학을 가장 밀도 있게 다루는 운동으로 종교개혁보다 앞선 것이 없다. 종교개혁은 평신도 사역에 있어서 일종의 분기점이 되었다. 오늘날의 만인제사장주의를 외치는 많은 사람은 결코 끝난 적이 없는 종교개혁으로 되돌아갈 것을 지적하고 있다. 그렇기 때문에 종교개혁이 우리에게 중요한 것이다.

3장 역사가 우리에게 말해주는 사실

종교개혁 이후 수많은 운동들이 평신도 사역을 위해 일어났다. 필리프 슈페너(Philipp Spener, 1635~1705)는 독일 출신의 목사로서, 만인제사장주의를 직접 행동에 옮겨야 한다고 주장했다. 그리고 그는 여러 가지 창의적인 시도들을 했다. 니콜라우스 폰 친첸도르프(Nikilaus von Zinzendorf, 1700~1769)는 모라비안의 독일인 리더로서 사역을 할 때 평신도들을 많이 활용했던 인물이다. 친첸도르프의 평신도 활용을 연구한 사람으로 영국인 존 웨슬리(John Wesley)가 있는데, 그도 마찬가지로 사역을 하는 데 있어 여러 가지 방법으로 평신도들을 활용했다.

존 웨슬리의 평신도 활용

A. 그의 위대한 업적

당신은 존 웨슬리란 이름을 들었을 때에 무엇을 생각하는가? 우리 가운데 많은 사람은 그가 우리가 도달할 수 없는 완전한 그리스도인의 교리(the doctrine of christian perfection)와 매우 가깝게 연관되어 있었기 때문에 그의 이름을 연상하면 그러한 것들을 생각하려고 한다. 웨슬리는 분명 여러 가지 창의적인 일들을 했으며, 그리스도인의 완전함에 대해서 이야기하기도 했다. 그러나 그가 세상에 크게 공헌한 것은 우리가 웨슬리와 쉽게 연관 짓는 일들과는 오히려 다른 것일지도 모른다. 그의 광범위한 평신도 훈련과 평신도의 활용은 교회 역사에 있어서 참으로 의미 있고 체계적이며, 아직도 계속되는 사역이라고 할 수 있다.

존 웨슬리보다 탁월하게 평신도 사역 훈련을 한 사례는 찾아보기가 힘들다. 그의 폭넓은 평신도 활용이 없었다면 영국의 감리교회는 오늘날까지 존재하지 못했을 것이다. 웨슬리의 사역은 처음부터 평신도 운동으로 출발했다. 이 운동의 독특함은 평신도를 활용하였다는 사실에 있지 않다. 그것은 어느 범위에서 평신도들을 활용했느냐 하는 문제이다. 프란츠 힐데브란트(Franz Hildebrandt)는 이렇게 말하고 있다. "웨슬리가 이러한 힘을 감리교회에 활용한 범위는 교회 역사에서 대단히 혁명적인 일이었다."[9] 영국인 감독 스티븐 닐(Stephen Neill)도 웨슬리의 클래스 리더들에 대해 이와 비슷한 의견을 냈는데 그는 말하기를 "예전에는 거의 없었던 범주에 평신도들을 참여시켜 교회의 활동을 책임지게 했다"[10]

웨슬리가 평신도들에게 의지한 정도를 측정해 보는 역설적인 방법으로, 평신도 사역을 실천하던 그의 사역에 대한 비난들을 조사하는 것도 좋다. 웨슬리는 많은 일로 비난을 받았는데 그 비난을 종합해 보면 거의 두 가지 일에 대한 것이다. 첫째는 그가 야외에서 가르치는 데 대한 것이며, 둘째는 그가 하나님의 말씀을 전하는 사람으로 평신도들을 세웠다는 데 대한 것이었다. 그는 영국국교회의 동료들로부터 많은 비난을 받았다. 그의 동생마저 평신도들이 사역에 개입하도록 허락한 것은 매우 위험한 발상이라고 그에게 강력한 주의를 주었다.

웨슬리의 활동적인 사역을 살펴보면 생애의 50년을 653명의 평신도 설교자를 훈련시키는 일에 헌신했던 것을 볼 수 있다. 그는 1739년과 1765년 사이에 193명의 평신도 설교자를 훈련시켰으며, 1765년에서 1790년 사이에는 460명의 평신도 설교자를 훈련시켰다. 앞 그룹에서는 40퍼센트에 해당하는 사람들이 웨슬리와 함께 죽기 직전까지 계속해서 사역을 했던 반면, 두 번째 그룹에서는 65퍼센트의 사람들이 웨슬리가 죽을 때까지, 혹은 그들이 죽을 때까지 함께 일했다는 사실은 흥미를 유발한다. 그가 훈련시킨 653명중 374명이 그들의 삶이 다할 때까지 웨슬리와 함께 사역을 했다. 이 사실은 시간이 지날수록 사역에 있어서 웨슬리가 관여하는 부분이 적어졌다는 것을 의미한다. 그는 점점 평신도를 선택하여 훈련시키는 일을 더 효과적으로 해왔던 것이다.

연도	평신도 목회자	비율(%)
1739~1765	193	40
1765~1790	460	65
합계	653	57

웨슬리가 언제부터 평신도들을 말씀 전하는 일에 활용했는지 확인하는 것은 쉽지 않다. 몇몇 사람들은 처음으로 말씀을 전한 평신도 설교자의 이름이 험프리(Humphrey)라고 생각한다. 다른 사람들은 존 케닉(John Cennick)이었을 거라고 생각하기도 한다. 그러나 역사적으로 알려진 바로는 토마스 맥스필드(Thomas Maxfield)라고 하는 사람이 최초 평신도 설교자이다. 존 웨슬리는 말씀을 전하기로 한 런던에서의 모임에 약속한 시간보다 늦게 도착하였다. 그래서 할 수 없이 토마스 맥스필드라는 이름의 평신도가 그 예배를 이끌게 되었다. 웨슬리가 도착하기를 오랜 시간 동안 기다리던 맥스필드는 마침내 설교단에 올라가 설교를 시작했다. 런던에 도착해 이 사실을 알게 된 웨슬리는 매우 화가 났다. 그러나 웨슬리가 맥스필드를 꾸짖기 위해 가는 도중 웨슬리의 어머니였던 수잔나(Susanna)가 그에게 다시 생각해볼 것을 충고했다. 수잔나는 웨슬리에게 맥스필드도 자신과 마찬가지로 사역자로 부르심을 받았다는 사실을 상기시켰다. 웨슬리는 어머니의 충고를 심각하게 받아들여 생각하게 되었고, 결국 그 이후 교회에서 평신도들을 설교자로 세우기 시작했던 것이다.

비교적 아주 짧은 시간에 평신도라는 하나님의 군대가 영국에 영향력을 미치게 되었다. 이러한 일은 웨슬리에게 평신도 사역에 대한 신학이 있었기 때문에 일어났던 일이 아니었다. 웨슬리는 개혁가였다. 그는 사람들에게 복음을 전하기를 원했으며, 이 일을 평신도들을 통하여 이룰 수 있다고 생각했다. 웨슬리의 삶을 살펴보면 때때로 행동이 먼저 나타나고 이론이 그 행동을 뒤따르는 것을 볼 수 있다. 웨슬리의 평신도 활용 또한 본래부터 디자인되었던 것이 아니라 그가 설교 자리에 불참하는 바람에 시작되었던 것이다.

웨슬리의 평신도 설교자 운동과 다른 평신도 말씀 전하기 운동 사이에 나타나는 가장 큰 차이점은 목사들과의 관계에 있을 것이다. 중세 시대에 일어난 몇몇의 평신도 설교 운동에는 목사들이 이에 반대하는 모습을 볼 수 있다. 그래서 어떤 사람들은 이미 세워진 교회와 목사들을 악의(惡意)를 가지고 공격하기도 했다. 그러나 웨슬리는 이러한 일들을 피하려고 했다. 그는 평신도가 올바르게 훈련되려면 그들을 돕는 목사가 필요하다는 사실을 이해하고 있었다.

평신도들이 사역을 하도록 준비시킬 수 있는 가장 적절한 사람은 아마 목사들일 것이다. 웨슬리는 평신도 사역 훈련에 소그룹을 많이 활용했다. 이 소그룹은 평신도들에게 사역에 관한 동기를 부여했으며, 그들을 훈련시켜 영국 전역으로, 후에는 미국에까지 진출할 수 있도록 많은 평신도 군사를 준비시키는 데 도움을 주었다. 그는 이 일을 하기 위해 오히려 미국인 목사들을 데리고 오려 했었다. 그러나 아쉽게도 아주 적은 수의 목사들만이 그의 요청에 응했다. 웨슬리의 생각에 동감한 미국 목사들은 채 40명도 안 되었다. 하지만 몇몇 영국국교회 성직자들은 웨슬리의 이러한 평신도 군대를 돕는 일에 소중한 역할을 감당했다.

웨슬리는 평신도 설교자들의 그룹을 조직하여 곳곳을 여행하며 복음을 전하도록 했다. 1746년에는 단지 6개의 평신도 설교자 조직이 구성되었다. 그러나 1791년 웨슬리가 세상을 떠날 때쯤에는 114개의 순회 사역으로 구성된 평신도 설교자들이 영국 전역을 다니며 복음을 전하게 되었다.

B. 평신도 설교자의 의무

평신도 설교자는 무슨 일을 하였는가? 당연히 그들의 사역은 설교하는 일이다. 웨슬리는 그의 평신도 설교자들에게 무엇을 설교할 것인지, 어떻게 설교할 것인지, 누구에게 설교할 것인지, 어디에서 설교할 것인지와 같은 일에 관해 폭넓게 다룬 지침서들을 만들었다.

무엇을 설교하는가? 예수 그리스도이다. 웨슬리의 평신도 설교자들은 그들의 생각대로 설교할 수 없었다. 다른 말로 하면 그들은 그들 자신이 생각하고 있는 선하고 악한 것에 대해 말할 수 없었다. 웨슬리는 예수 그리스도가 아닌 이야기를 하게 만드는 생각들의 목록까지도 기록했다. 웨슬리에게는 그의 평신도 설교자들이 예수의 속죄의 사랑에 대한 이야기를 하는 것만이 중요했던 것이다.

어떻게 설교하는가? 단순하게 설교하는 것이다. 가장 평범한 사람이 들어도 복음의 핵심을 이해할 수 있는 방법으로 설교하라는 것이 그의 가르침이었다. 그는 훈련받은 사람들이 단순한 진리를, 단순한 사람들에게, 단순한 말로 전할 수 있기를 원했다.

누구에게 설교해야 하는가? 말씀을 듣는 모든 사람에게 해야 한다. 하지만 대개는 가난한 사람들이었다. 웨슬리는 그리스도의 복음이 세상의 것을 적게 가지고 있는 사람들에게 전해져야 한다고 생각했다.

어디에서 설교해야 하는가? 어느 곳이든 해야 한다. 그곳이 야외일지라도 해야 한다. 사실상 웨슬리는 그가 설교한 곳이 야외라는 사실이 알려져 강하게 비난을 받기도 했다. 하지만 웨슬리는 그의 평신도 설교자들이 오히려 야외 설교를 충분히 하지 않는다고 느꼈다. 그는 말하기를 "사람들이 우리에게 오기를 기대할 수 없다. 우리가 가서 그들을 만나야 한다. 그리고 우리는 이러한 것을 더욱 활용해야만 한다"고 했다.

웨슬리의 평신도 설교자들은 설교만 한 것이 아니라 목회도 함께 했다. 평신도 설교자들은 영국의 수천 명의 어린 사제들을 위해 목회적인 보호와 도움을 제공했다. 한 학자는 사도 시대 이후에 웨슬리만큼 목사로서 즉각적인 돌봄을 실천한 사람은 일찍이 없었다고 말했다. 웨슬리는 평신도 설교자들이 그리스도를 믿는 모든 사람들에게 자신이 행한 것과 같이 행하도록 훈련시켰다.

웨슬리의 평신도 설교자들은 단지 설교와 목회를 하는 것만이 아니었다. 그들은 항상 찬송을 불렀다. 찬송을 많이 부르는 것은 감리교 부흥에 있어 아주 중요한 요소였다. 존과 찰스 웨슬리(Charles Wesley)는 찬송을 많이 썼다. 하지만 웨슬리는 그의 평신도 설교자들에게 찬송 쓰는 것을 금하였다. 몇몇 사람들이 찬송 쓰는 일을 시도한 것으로 보이는데, 그것들은 음조가 매우 불안정했고 거의 부를 수 없는 수준의 찬송들이었다. 웨슬리는 그 대신 사람들에게 자신의 전기(傳記)를 쓰도록 격려했다. 그리고 그는 이것들을 발행하는 것을 주저하지 않았다. 결과적으로 많은 사람이 평신도 설교자들이 자신들의 인생에 관해 기록한 이야기들을 접할 수 있게 되었다. 웨슬리는 한 사람의 인생이 살아간 영적 여정에 관한 글을 간직하는 것을 매우 중요한 일이라고 생각했다.

C. 다른 리더십

평신도 설교자들만이 웨슬리가 훈련시킨 사람들은 아니었다. 그는 구역 설교자라고 알려진 다른 그룹도 훈련시켰다. 뿐만 아니라 약 12명 정도로 구성된 소그룹의 영적 상태를 살피는 속회(Class)의 지도자들을 양성하기도 했다. 이 속회 지도자들은 그 그룹 안에 있는 사람들의 영적 성장의 과정을 보살피는 사람들이었다. 이러한 속회 말고도 밴드(Band)라고 이름하는 그룹이 있었다. 밴드는 대개 4, 5명이라는 적은 수의 사람들로 이루어진 소그룹인데, 이 그룹은 성(性)과 지위가 같은 사람들로 이루어졌다. 그들은 하나님과 더욱 친밀하게 동행하는 삶을 서로 나누기 위해 모였다.

그리고 웨슬리는 감독관을 가지고 있었다. 감독관들은 그룹 앞에 서서 그들을 훈계하기도 하고, 주의를 주기도 하고, 아니면 격려하기도 했다. 평신도 설교자들과는 다르게 그들은 말씀을 취해 그것을 풀어 설명할 수 없었다. 오직 평신도 설교자들만이 그것을 할 수 있었다. 이러한 평신도 사역자뿐만 아니라 웨슬리에게는 재산 관리인들과 청지기들도 있었다. 병든 사람들을 찾아가는 사람들의 그룹도 있었다. 아마도 기독교 역사상 존 웨슬리만큼 가장 크고 넓은 네트워크를 형성하여 훈련된 평신도 그룹을 가지고 있던 사람은 없었을 것이다.[11]

웨슬리의 평신도 설교자 가운데 하나인 프랜시스 애즈베리(Francis Asbery)는 1771년 26세의 나이에 미국으로 파송되었다. 그리고 그는 나중에 미국 감리교단의 첫 감독이 되었다. 감리교가 미국에서 비교할 수 없을 정도로 빠르게 전파될 수 있었던 것은 애즈베리가 평신도 설교자들을 포괄적으로 배치했기 때문이라고 할 수 있다. 미국에서 빠르게 성장한 교단이 감리교회만은 아니었다. 침례교도 황무지와 빈 들을 지나 빠르게 성장했다. 침례교단 또한 포괄적으로 평신도들을 활용하고 있었는데, 알렉산더 캠벨(Alexander Campbell)은 '그리스도의 제자'라고 불리는 단체를 만들었다. 이들의 빠른 성장은 19세기 미국의 모든 하나님의 사람들의 사역에 크게 영향을 미쳤다.

오늘날 사역에 있어서 평신도들의 역할과 그들에 대한 생각에 많은 공헌을 한 것은 수백 년 전에 살았던 사람들이었다. 목사들과 평신도들은 역사 앞에 이미 지나간 평신도 사역에 대한 움직임을 살펴보면서 많은 소득을 거둘 수 있었다. 우리는 모든 하나님의 백성이 사역자임을 외치고 있는 아주 거대하고 풍성한 그리스도의 교회 가운데 일부분이다.

3장 역사가 우리에게 말해주는 사실

| 토의 질문 |

1. 다음 문구에 대한 당신의 반응은 무엇인가?

"목사와 평신도의 차이는 합법적인 차이에 있다. 그 차이는 기능에 있는 것이지 본질에 있는 것이 아니다."

2. '모든 믿는 사람은 제사장'이란 표현은 무엇을 의미하는가?

3. 마틴 루터는 직업적인 사역에 대해 어떤 생각을 가지고 있었는가?

4. 왜 전에 있던 몇몇의 평신도 설교 사역은 실패했는가?

5. 존 웨슬리의 평신도 설교자의 활용은 얼마나 광범위했는가?

6. 존 웨슬리는 소그룹을 얼마나 많이 활용했는가?

04 사역을 위한 우리의 은사
Our Gifts for Ministry

오늘날 많은 그리스도인이 성령의 은사에 대해 새롭게 관심을 보이고 있다. 이러한 관심은 교회가 건강한 방향으로 나아가고 있음을 말해준다고 할 수 있다. 하나님은 믿음의 사람들이 하나님과 주변에 있는 이웃들을 더 잘 섬기도록 하기 위해 성령의 은사들을 주신다. 그러나 때때로 이러한 은사들에 대한 지나친 관심이 위험할 수도 있다는 것을 알아야 한다. 왜냐하면 은사에 대한 강한 집착으로 사람들이 실수할 수도 있기 때문이다. 이러한 실수들은 예수를 따르는 사람들이 자신이 받은 은사가 하나님의 나라를 섬기기 위한 수단으로 주어진 것이 아니라 궁극적으로 자기 자신을 위한 것이라고 착각할 때에 생겨난다. 하나님은 당신의 백성을 섬기게 하시기 위해, 또한 사역하게 하시기 위해 믿음의 사람들에게 은사를 주신다. 그러므로 우리는 우리가 받은 은사 자체에 대해 매력을 느끼고 그것에 빠져드는 것이 아니라, 그 은사를 주신 하나님과 이러한 은사들을 가지고 섬기게 될 하나님의 백성에 대해 매력을 느껴야 한다.

그러나 안타깝게도 많은 사람이 자신들에게 어떠한 은사가 있는지 알지 못할 뿐만 아니라, 자신의 은사를 발견하는 방법조차 모르고 있다. 제임스 엔젤(James Engel)과 윌버트 노턴(H. Wilbert Norton)은 조사를 통해 다음과 같이 말하고 있다. "많은 그리스도인이 자신들의 은사가 무엇인지를 알지 못하고 있으며, 공동체 안에서 그들이 받은 은사를 어떻게 사용해야 하는지도 알지 못하고 있다. 그러므로 믿는 사람들을 세우기 위한 사역의 기본은 그들에게서 이러한 은사들을 찾아내고, 그 사람들이 그들의 은사를 사용할 수 있도록 훈련시키는 데 있다."[1]

아가페 사랑

성령의 은사에 대해 연구를 시작하려면 우리는 먼저 사도 바울의 경고에 대해 주목할 필요가 있다. 그는 사랑(아가페 사랑)을 행하는 것이 은사를 구하는 것보다 더 중요하다고 말한다. 모든 것에 앞서서 아가페적인 사랑이 우리의 사역을 대표하는 성격이어야 한다는 말이다. 무엇보다도 아가페적인 사랑은 우리의 행동 가운데 표현되어야 한다.

그리스어에는 사랑을 뜻하는 단어가 여러 가지 있다. 필레오란 형제간의 사랑을 말한다. 미국의 '필라델피아'라는 도시의 이름은 바로 형제간의 사랑이라는 뜻을 가지고 있다. 두 번째 종류의 사랑은 에로스로 이것은 관능적인 사랑을 의미한다. 이러한 종류의 사랑은 성(性)적인 사랑을 뜻하기도 하지만 항상 그런 것은 아니다. 에로스는 이성을 사랑하게 되면 그에게 마음이 끌리는 것을 말한다. 세 번째 종류의 사랑은 스토르게로 이것은 혈연관계에 있는 친척들 간의 사랑을 말한다. 하지만 이 단어는 신약성경에서는 나타나지 않는다.

마지막으로 우리가 주의 깊게 살펴보려는 단어는 아가페이다. 만일 바울이 언급한 만큼 아가페적인 사랑이 중요한 것이라면, 우리는 이 사랑의 성격에 대해 깊이 살펴보아야 할 것이다.

사랑(love)

1. 필레오(phileo)
2. 에로스(eros)
3. 스토르게(storge)
4. 아가페(agape)

아가페의 특징은 무엇인가? 첫째로, 아가페적인 사랑은 자발적이고 무의식적이다.[2] 이것은 완전하신 하나님께서 죄인들을 사랑하시도록 하는 사랑이다. 만일 하나님이 의인들만 사랑하신다면 우리는 모두 버림받았을 것이다. 이 사랑은 인간으로서 우리가 표현하는 사랑과는 다른 종류의 사랑이다. 우리는 우리에게 긍정적으로 반응하는 사람에게만 긍정적으로 반응하려는 경향이 있다. 그러나 아가페 사랑은 그렇지 않다. 아가페 사랑은 사랑을 받을 때 나타나는 반응에 의해 생겨나는 것이 아니라 자발적인 사랑이다.

두 번째로, 아가페 사랑은 사랑을 받는 그 사람의 가치를 가장 중요하게 여긴다. 아가페 사랑은 사랑을 받는 이의 가치를 따지는 특정한 기준을 가지고 있지 않다. 학력이나 부, 명성, 사회적 지위, 외적 아름다움 등은 아가페 사랑에서 중요한 것이 아니다. 사도행전 10장 34절에 보면 하나님은 사람을 외모로 취하지 않으신다고 말한다. 우리가 아가페 사랑의 렌즈를 끼고 사람들을 본다면, 우리는 이 세상에서 우리가 상대하는 그 사람보다 더 중요한 사람은 없다는 사실을 깨닫게 된다.

세 번째로, 아가페 사랑은 창조적인 사랑이다. 아가페 사랑은 사랑을 받는 사람의 가치를 창조해내며, 아가페는 가치를 창조해내는 방법이다. 오늘날 많은 사람은 자존감과 자신감이 결여된 상태로 살아가고 있다. 사람들이 만일 하나님과 사람들로부터 자신이 사랑

받고 있다는 사실을 깨닫게 된다면, 그들이 겪는 많은 정서적 스트레스는 줄어들게 될 것이다. 이처럼 아가페 사랑은 가치에 대한 소중함을 일깨운다.

네 번째로, 아가페 사랑은 우정(fellowship)을 시작하게 한다. 하나님과의 관계는 인간이 만들어낸 것이 아니라 하나님께서 인간과의 관계를 시작하신 것이다. 하나님의 사랑은 다리를 놓듯 우리에게 다가오셨다. 일반적인 종교들은 우리가 알다시피 인간이 신(神)을 붙잡기 위해 노력하는 것이다. 그러나 기독교의 가르침은 다르다. 기독교의 하나님은 그의 백성을 붙잡기 위해 노력하시는 분이다. 성경은 바로 그러한 하나님의 이야기를 기록한 것이다. 이것이 바로 아가페 사랑이다. 하나님이 긍휼히 여기는 마음을 가지고 그의 자녀들에게 손을 내미시는 사랑이 바로 아가페 사랑이다. 우리가 하나님과의 관계를 즐거워하는 이유는 바로 하나님이 사랑을 가지고 먼저 다가오셨기 때문이다. 우리의 사역에 이러한 아가페 사랑이 반영된다면, 우리는 이웃과의 관계를 시작하기 위해 손을 뻗는 자신의 모습을 발견하게 될 것이다.

다섯 번째로, 아가페 사랑은 영원하다. 고린도전서 13장 8절에 보면 이러한 아가페 사랑은 끝이 없다고 말한다.

여섯 번째로, 아가페 사랑은 포괄적이다. 이것은 율법을 완성하는 사랑이다. 이것은 율법에 순종하는 것뿐만 아니라, 율법이 요구하는 모든 것을 충족시키는 사랑이다.

> 아가페(Agape)
> 1. 자발적이고 무의식적이다(롬 5:5).
> 2. 상대의 가치에 따라 달라지지 않는다(롬 5:8, 갈 5:13).
> 3. 창조적이다(갈 5:13).
> 4. 우정을 시작하게 한다(롬 5:8).
> 5. 영원하다(고전 13:13).
> 6. 포괄적이다.

우리의 사역의 특성을 나타낼 아가페적인 사랑은 자발적이고 무의식적이며, 상대의 가치에 따라 달라지지 않으며, 창조적이고, 우정을 시작하게 하며, 영원한 것으로 나타나야 한다.

아가페란 "그것이 아니면 모든 것이 아닌 것이다." 또한 "그 한 가지만 있다고 하더라도 모든 것이 만족스러운 것이다." 이것은 "하나님의 한 가지 속성이 아니라 바로 하나님 그 자체이다."[3]

아가페를 표현하는 방법 배우기

우리는 아가페 사랑을 표현하기 위해 창조되었지만, 우리 자신의 본성이나 인간의 능력으로는 그것을 표현할 수가 없다. 아가페 사랑은 오직 그리스도의 능력으로만 표현될 수 있다. 뿐만 아니라 아가페 사랑을 표현하는 것은 사람의 전 성품의 훈련을 요구한다. 이것은 의지를 포함하는 것이다. 바울은 "사랑의 방식을 따르라"(NIV 성경을 의역한 것임. 고전 14:1-역자 주), 또한 "사랑을 추구하라"고 우리에게 명령하고 있다.

바울은 우리에게 또 다른 지침을 주고 있다. "그러므로 사랑을 받는 자녀 같이 너희는 하나님을 본받는 자가 되고 그리스도께서 너희를 사랑하신 것 같이 너희도 사랑 가운데서 행하라 그는 우리를 위하여 자신을 버리사 향기로운 제물과 희생제물로 하나님께 드리셨느니라"(엡 5:1-2). 바울은 우리에게 하나님을 모방하는 사람이 되라고 말하고 있다. 모방하는 사람(imitator)이 되라는 말은 무척 강한 의미를 가지고 있다. 이것은 단지 따르기만 하는 것을 넘어서야 한다는 것이다. 우리는 신령한 모방자가 되어야 한다. 서로 같아지기 위해 하나님을 모방하고 따라야 한다. 바울은 또 "사랑의 삶을 살라"고 말한다. 다른 번역에 보면 "사랑 안에서 걸으라"고 말하기도 한다. 여기에서 걷는다는 말은 삶의 한 양식이라는 의미를 내포한다. 즉 인생을 아가페 사랑 안에서 살아가고, 그 사랑 안에서 견고함을 가지라는 것이다.

바울은 또 다른 추가적 지침을 주고 있다. "그러므로 너희는 하나님이 택하사 거룩하고 사랑 받는 자처럼 긍휼과 자비와 겸손과 온유와 오래 참음을 옷 입고 누가 누구에게 불만이 있거든 서로 용납하여 피차 용서하되 주께서 너희를 용서하신 것 같이 너희도 그리하고 이 모든 것 위에 사랑을 더하라 이는 온전하게 매는 띠니라"(골 3:12-14).

위의 12절 말씀에서 언급된 옷은 안에 입는 외투나 속옷 같은 것을 말한다. 신약 시대에 살던 사람들이 이 구절을 들었다면 바울이 무슨 말을 하고 있는지 이해하는 데 아무런 문제가 없었을 것이다. 동양권에서는 겉에 입는 옷을 띠로 단단히 묶어 속옷을 모두 감싸도록 해서 입었다. 이처럼 겉에 입는 옷은 아주 중요한 역할을 한다. 만일 겉옷을 느슨하게 맨다면 나머지 모든 옷들도 위태롭게 되는 것이다. 이와 같이 우리 그리스도인의 삶도 아가페 사랑 없이는 아주 위태롭게 된다. 바울은 이 말씀을 통해 그리스도인들이 이러한 아가페 사랑을 잃어버린다면, 그것은 모든 것을 잃어버리는 것과 같다는 사실을 함축해서 말하고 있다. 아가페는 인간의 삶에 적절한 균형을 세워주고 올바른 관계를 맺게 하는 하나의 속성인 것이다. 이처럼 아가페 사랑이 중요하기 때문에 바울은 당시에 필수적이었던 겉옷과 아가페 사랑을 동일시하여 설명한 것이라고 할 수 있다.

갈라디아서 5장에서는 그리스도인이 삶에서 개인적으로 가져야 할 성품, 즉 성령의 열매로 알려져 있는 것들의 목록이 나와 있다. 몇몇은 아가페 사랑이 목록 안에 포함되어 있다는 이유로 그 안에 언급된 다른 성품들, 즉 자비나 양선이나 충성과 비교했을 때 그 중요도에 있어 차이가 없다고 보기도 한다. 하지만 그렇지 않다. 아가페는 이러한 모든 성품을 다 합해놓은 단어이다. 아가페 사랑은 성품의 목록 가운데 하나로는 표현될 수 없다. 아가페는 이러한 다른 모든 성품이 나타났을 때 생기는 포괄적인 결과물이다.

당신이 어떠한 은사를 가지고 있든지 상관없이 당신의 사역이 반드시 가져야 할 단 하나의 성품은 바로 아가페 사랑이어야 한다. 기억해야 할 것이 있다. 바울은 은사에 대한 가르침을 마치고 난 뒤 아가페에 대해 말하기 전에 이렇게 기록하고 있다. "내가 또한 가장 좋은 길을 너희에게 보이리라"(고전 12:31). 바로 그 길이 아가페 사랑의 길이다.

은사란 무엇인가?

하나님은 우리가 사역 안에서 그분의 부르심에 응답할 수 있도록 우리에게 은사를 주셨다. 레이 스테드먼(Ray Stedman)은 다음과 같이 말한다.

4장 사역을 위한 우리의 은사

하나님을 인식하기 위해 당신은 그분 자신이 당신을—그래요, 바로 당신을—준비시키셨다는 사실을 기억해야 합니다. 당신은 성령의 은사들의 모형으로서 독특하게 디자인되었고, 하나님은 당신을 그러한 은사들이 쓰일 곳에 정확하게 두셨습니다. 이제 당신은 당신이 상상하지도 못한 흥미로운 가능성의 세계에 들어가려고 합니다. 이 세상에서 당신이 다른 사람들의 삶을 위해 하나님의 신령한 도구로 사용되었다는 사실을 깨닫는 것처럼 더 만족스럽고 성취감을 느끼게 하는 경험은 없을 것입니다.[4]

우리가 받은 은사에 대해 검토하려 할 때 달란트와 은사를 비교해 보는 것이 당신에게 도움이 될 것이다. 레슬리 플린(Leslie B. Flynn)은 다음과 같이 구분했다.

달란트는 일반적인 선물로 모든 사람에게 주어지는데 반해, 은사는 하나님을 믿는 사람들에게 주어지는 특별한 은혜나 선물이다. 달란트는 사람이 세상에 태어날 때 주어지는 것이지만, 은사는 믿음으로 거듭날 때 주어지는 것이다. 그리고 달란트는 태어날 때 자연적으로 주어진 것으로 이해되지만, 은사는 이와 다르게 성령께서 주시는 선물이다. 달란트는 가르치는 일이나 친교 혹은 일반적 수준의 영감을 얻는 일에 사용되지만, 은사는 분명한 영적 목적을 가지고 있다. 믿는 사람들을 성숙하게 하고, 그리스도인들을 섬기는 데 격려하기 위해 주신 것이다.[5]

	달란트	은사
근원	성령의 일반적인 은혜	성령의 특별한 은혜
주어진 시간	세상에 태어날 때부터 나타나는 것	거듭나게 되었을 때 선물로 주시는 것
본성	자연적 능력	성령이 주시는 것
목적	가르침 친교 자연적 수준의 영감	믿는 사람들의 영적 성장 그리스도인을 섬김

은사에 관해서는 신약의 서신서 세 부분에서 언급되고 있다. 로마서 12장 6-8절과 고린도전서 12장 4-11절, 28절, 그리고 에베소서 4장 11절에서 나타난다.

바울은 로마인들에게 이렇게 편지를 쓰고 있다.

1_로마서 12장 6-8절

우리에게 주신 은혜대로 받은 은사가 각각 다르니 혹 예언이면 믿음의 분수대로, 혹 섬기는 일이면 섬기는 일로, 혹 가르치는 자면 가르치는 일로, 혹 위로하는 자면 위로하는 일로, 구제하는 자는 성실함으로, 다스리는 자는 부지런함으로, 긍휼을 베푸는 자는 즐거움으로 할 것이니라.

4장 사역을 위한 우리의 은사

은사

1) 예언	5) 구제하는 일
2) 섬기는 일	6) 다스리는 일
3) 가르치는 일	7) 긍휼을 베푸는 일
4) 위로(격려)하는 일	

여기서 언급된 은사는 예언, 섬기는 일, 가르치는 일, 위로(격려)하는 일, 구제하는 일, 다스리는 일, 긍휼을 베푸는 일이다.

바울은 고린도 사람들에게 이렇게 편지를 쓰고 있다.

2_고린도전서 12장 4-11절

은사는 여러 가지나 성령은 같고 직분은 여러 가지나 주는 같으며 또 사역은 여러 가지나 모든 것을 모든 사람 가운데서 이루시는 하나님은 같으니 각 사람에게 성령을 나타내심은 유익하게 하려 하심이라 어떤 사람에게는 성령으로 말미암아 지혜의 말씀을, 어떤 사람에게는 같은 성령을 따라 지식의 말씀을, 다른 사람에게는 같은 성령으로 믿음을, 어떤 사람에게는 한 성령으로 병 고치는 은사를, 어떤 사람에게는 능력 행함을, 어떤 사람에게는 예언함을, 어떤 사람에게는 영들 분별함을, 다른 사람에게는 각종 방언 말함을, 어떤 사람에게는 방언들 통역함을 주시나니 이 모든 일은 같은 한 성령이 행하사 그의 뜻대로 각 사람에게 나누어 주시는 것이니라.

은사

1) 지혜	6) 예언
2) 지식	7) 영 분별
3) 믿음	8) 방언
4) 병 고침(치유)	9) 방언 통역
5) 능력 행함	

여기에 언급된 은사에는 지혜, 지식, 믿음, 병 고침(치유), 능력 행함, 예언, 영 분별, 방언, 방언 통역이다.

바울은 또한 나머지를 기록하고 있다.

3_고린도전서 12장 28절

하나님이 교회 중에 몇을 세우셨으니 첫째는 사도요 둘째는 선지자요 셋째는 교사요 그 다음은 능력을 행하는 자요 그 다음은 병 고치는 은사와 서로 돕는 것과 다스리는 것과 각종 방언을 말하는 것이라.

4장 사역을 위한 우리의 은사

은사

1) 사도	5) 병 고침
2) 선지자	6) 서로 돕는 것
3) 교사	7) 다스리는 것
4) 능력 행함	8) 방언

이곳에서 언급된 은사들은 사도, 선지자, 교사, 능력 행함, 병 고침, 서로 돕는 것, 다스리는 것, 각종 방언 말함이다.

다음은 에베소 사람들에게 바울이 기록한 것이다.

4_에베소서 4장 11절

그가 어떤 사람은 사도로, 어떤 사람은 선지자로, 어떤 사람은 복음 전하는 자로, 어떤 사람은 목사와 교사로 삼으셨으니.

은사

1) 사도	3) 복음 전하는 자
2) 선지자	4) 목사와 교사

여기서 언급된 은사들은 사도, 선지자, 복음 전하는 자, 목사와 교사이다. 마지막에 언급된 은사는 종종 목사와 교사 두 종류의

일을 할 수 있는 사람을 가리킨다. 이러한 은사들을 기억하기 위해 아래의 목록을 이용하는 것이 유용하다.

케네스 킹혼(Kenneth Kinghorn)의 「성령의 은사들」(p.38 참고)			
롬 12:6-8	고전 12:4-11	고전 12:28	엡 4:11
예언	예언	예언	예언
가르침		가르침	가르침
섬김			
권면			
베풂			
도움			
긍휼			
	병 고침	병고침	
	능력	능력	
	방언	방언	
	방언 통역	방언 통역	
	지혜		
	지식		
	믿음		
	영 분별		
		사도직	사도직
		구제	
		다스림	
			전도
			돌봄

레이 헌(Ray Hurn)의 『당신의 사역을 찾기 위한 전략』이라는 글의 '리더 가이드' 부분에는 또 다른 유용한 은사들의 목록이 다음과 같이 제시되어 있다. 그는 다음과 같이 은사를 기록했다.

에베소서 4장 :   사도   목사
                선지자   교사
                전도자

로마서 12장 :   예언   베풂
                섬김   인도
                가르침   긍휼
                권면

고린도전서 12장 : 지혜   예언
                지식   영 분별
                믿음   방언(언어)
                병 고침   방언 통역(언어를 통역함)[6]
                이적

여기에는 몇 가지의 은사가 존재하는가? 그 가짓수를 말하는 것은 쉬운 일이 아니다. 어떤 사람은 19가지의 은사가 존재한다고 하고, 어떤 사람들은 그 이상이나 그 이하를 말하기도 한다. 몇몇 학자들은 바울의 목록이 포괄적이지 않다고 주장하기도 한다. 하지만 바울이 모든 은사의 이름을 붙이려고 한 것 같지는 않다. 그럼에도 불구하고 바울이 기록한 은사에 관한 목록은 우리가 사역을 찾아가는 데에 도움을 주기에 충분하다.

은사에 대한 위험

　　성령의 은사와 관련된 연구를 함에 있어서 우리는 몇 가지 위험한 요소들이 존재함을 기억해야 한다. 그것은 어떤 한 사람이 특별한 은사를 갖고 있으면서, 모든 사람에게 자신과 같은 은사를 가져야 한다고 요구할 때 일어날 수 있는 문제이다. 이러한 문제는 그리스도의 몸된 교회 안에서 자신의 은사가 이미 잘 드러나 그것을 활용하고 있는 사람들 사이에서 흔히 일어날 수 있는 문제이다. 이 밖에도 은사를 활용함에 있어서 다른 위험 요소가 존재하는데, 그것은 우리가 은사를 깨닫고 그 은사를 활용하는 일에 너무 몰두한 나머지 그리스도인으로서 믿음이 성숙해가는 일의 기본 과정을 무시하는 경우이다. 그런 사람들은 자신의 은사에 모든 주의를 기울이고 은사에 모든 힘의 초점을 맞추기 때문에, 매일 그리스도와 걸어가는 안정된 믿음 생활에 부족함을 갖게 되는데, 이는 우리에게도 충분히 일어날 수 있는 일이다.

　　또 다른 위험은 나의 은사가 다른 사람의 은사보다 더 중요하다고 생각하는 것이다. 이것이 잘못된 이유로는 첫째, 은사는 나의 것도 아니고 남의 것도 아니기 때문이다. 그것은 하나님의 것이다. 하나님께서 우리에게 주신 것이다. 둘째, 그리스도의 몸에서 명백하게 나타나는 은사라고 그것이 자연스럽게 다른 은사보다 더 중요한 것이라고 생각해서는 안 된다. 이러한 일은 때때로 전도의 은사를 가진 사람들에게서 많이 나타난다. 전도의 은사를 가지고 있는 사람은 그리스도 공동체 안에서 때때로 빛나는 존재로 보이게 된다. 그러면 그가 가진 전도의 은사가 다른 사람들이 가진 은사보다 더 중요한 것이라고 느끼는 경향이 공동체 안에 생길 수 있다. 우리 중 누구도 전도의 은사가 가진 중요성을 부정하지는 않을 것이다. 그러나 전도의 은사를 하나님이 주신 모든 은사 가운데 가장 중요한 은사라고 생각하는 것은 문제이다.

성령의 은사에 관한 또 다른 경고가 있다. 이는 우리가 성령의 은사가 진실로 하나님의 선물이라는 사실을 기억해야 한다는 것이다. 성령의 은사는 하나님으로부터 왔다. 우리는 은사를 받기 위하여 아무것도 한 일이 없다. 그렇기 때문에 우리가 그것을 가지고 있다고 특별한 인정을 받을 수는 없다. 은사에 관하여 일어날 수 있는 최악의 사태는 우리가 은사를 발견하고도 그것을 주신 분을 위해 즉 하나님을 섬기기 위해 사용하지 못하는 일이라고 할 수 있다. 그러한 일들은 은사를 연구하려는 우리의 모든 목적을 좌절시키는 일이다. 은사는 하나님의 일과 하나님의 영광을 위해 쓰도록 하나님께서 우리에게 선물로 주신 것이다.

은사와 사역은 분명하게 구별되어진다. 하나님은 사역에 있어서 특별한 은사를 당신에게 주셨다. 예를 들면 접대하는 것이 당신의 은사라고 하면 그러한 은사를 어떻게 사용하느냐 하는 것이 당신의 사역이 된다. 당신은 당신의 집에서 성경공부를 하는 데 그 접대하는 은사를 사용할 수 있다. 그렇지 않으면 쉴 곳이 필요한 사람들에게 짧은 기간 동안 장소를 제공할 수도 있다. 당신의 집이 이웃 사람들이 모여 커피를 마시며 쉴 수 있는 장소가 될 수도 있을 것이다. 이러한 것들 가운데 어느 것이든 당신의 사역이 될 수 있지만 당신의 은사는 한 가지, 바로 대접하는 은사이다. 결국 당신의 사역이란 당신의 은사를 사용하는 방법을 뜻한다.

은사 발견하기

사도 바울은 고린도 사람들에게 보내는 첫 번째 편지에서 아주 흥미로운 이야기를 하고 있다. "또 역사는 여러 가지나 모든 것을 모든 사람 가운데서 역사하시는 하나님은 같으니"(고전 12:6, 개역한글). 여기에서 우리는 역사라는 단어를 주목하여 볼 필요가 있다. 이것은 종종 '활기를 돋우다'라는 말로 번역된다. 레이 스테드먼은 이 단어를 특별한 상황에서 은사가 사역에 활용되거나, 명백한 은사로 사용될 때 보이는 능력의 정도로 사용되는 것이라고 언급하고 있다.

여러 다른 상황에서 전해진 동일한 말씀은 같은 결과를 낳지 않는다. 그러면 무엇이 그 결과를 달라지게 하는 것일까? 그것은 바로 하나님의 선택이다. 하나님은 늘 동일한 결과가 나오길 원하지 않으신다. 물론 결과가 같게 하실 수도 있겠지만, 하나님은 그렇게 선택하지 않으신다. 은사가 사용되는 그 사역에 얼마나 큰 결과가 얻어질지는 하나님 아버지께서 정하실 일이다.[7]

또 다른 저자 케네스 킹혼(Kenneth Kinghorn)은 '역사하다' 혹은 '활기를 돋우게 하다' 라는 단어에 약간의 다른 의미를 부여하고 있다. 그는 '결과' 라는 단어를 더 좋아한다.[8] 그는 가르침의 은사를 가지고 있는 사람을 예로 들어 설명하고 있다. 가르침의 은사는 설교를 하거나, 글을 쓰거나, 상담하는 사역에 사용될 수 있다. 그리고 이 세 가지 사역들은 바울에 의해 언급된 것처럼 역사하거나 활기를 돋우게 함으로 모두 다른 결과를 낳게 된다. 예를 들어 설교하는 사역의 결과로 사람들이 그리스도인으로 거듭나는 일이 있을 수 있다. 글쓰기 사역의 결과로 다른 그리스도인을 성숙하게 할 수도 있을 것이며, 상담 사역의 결과로 그리스도인들을 조화롭게 할 수도 있다. 그의 은사는 가르침의 은사지만 그러한 은사가 목회에 적용됨으로써 각각 서로 다른 결과가 일어날 수 있다. 이 세 가지 사역의 결과-거듭남, 성숙, 조화-는 모두 다르다.

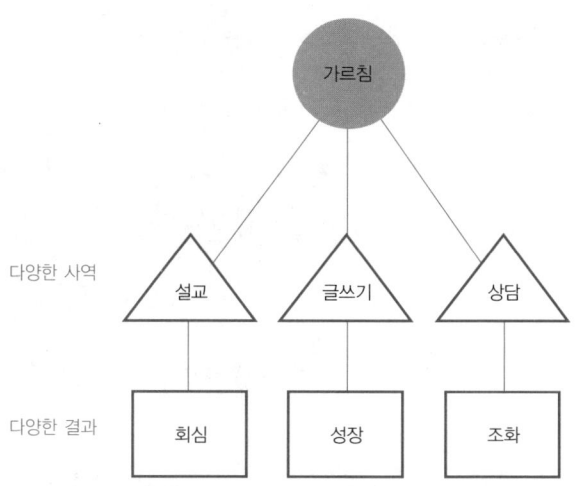

　　케네스 킹혼 박사에 따르면 '결과'라는 단어나 '역사'(役事)라는 단어는 질적인 차이를 언급하는 것이라고 한다. 하지만 스테드먼 박사에 따르면 '역사'라는 단어는 양적인 차이-숫자에 있어서 다른 것-를 뜻한다고 한다. 이러한 두 가지 서로 다른 해석은 모두 틀린 것이 아니다. 이 두 가지 서로 다른 결과들은 우리 현실 생활 속에서 일어나는 것이다. 여러 가지 다양한 사역 가운데 은사를 사용함으로써 일어나는 결과는 이처럼 경우에 따라 다른 모습을 보인다. 우리의 임무는 의미 있는 사역 안에서 성실하게 또한 유용하게 주어진 은사를 활용하는 것이다. 그리고 그 결과는 하나님의 손에 달려 있다.

　　당신은 우리가 아직 성령의 은사들을 정의하지 않았다는 사실을 기억할 것이다. 이것을 생략한 이유는 이미 그러한 은사들에 대한 정의가 많이 내려져 있기 때문이다(부록 B 참조). 그러나 한 가지 우리가 중요하게 관심을 가져야 할 문제가 있는데, 그것은 우리가 어떻게 하면 은사를 발견할 수 있겠는가 하는 것이다. 자신의 은사가 무엇인지를 발견하는 것은 사역을 시작하거나 어떤 일을 수행하는 데 있어 매우 중요한 일이다. 어떤 신학자는 이렇게 경고하고 있다. "교회 안에서 평신도의 역할이 줄어들게 되면 그들이 은사를 활용하는 일도 줄어들 것이다. 목사가 자신의 사역 안에서 은사를 활용함으로 그 역할이 늘어나게 되면 평신도들이 은사를 사용하는 일은 줄어들게 될 것이다. 평신도의 역할도 마찬가지이다."[9]

그러면 어떻게 해야 당신의 은사가 무엇인지 알 수 있겠는가? 어떻게 해야 자신의 은사를 발견할 수 있을까? 킹혼 박사는 「성령의 은사들」이란 책에서 은사를 찾는 여섯 단계를 말하고 있다.

첫째, 하나님께서 당신을 사용하시도록 하나님께 당신의 채널을 맞추라.

둘째, 그리스도인의 사역 가운데 당신이 열정을 갖고 있는 부분이 무엇인지를 찾으라.

셋째, 당신이 할 수 있는 일 가운데 교회에 생명을 불어 넣기 위해 가장 필요한 일이 어떤 것인지를 확인하라.

넷째, 당신의 노력이 섬기는 일과 다른 사역자들에게 얼마나 큰 영향을 주었는지를 생각해 보고 그 결과에 점수를 매기라.

다섯째, 당신을 예수 그리스도 안으로 순종하도록 이끄시는 성령의 인도하심을 따르라.

여섯째, 다른 그리스도인들의 반응에 민감하게 반응할 수 있도록 기다리라.

다음의 그림에 나오는 여섯 개의 번호는 위에서 설명한 여섯 단계들과 일치한다. 1번이라고 적힌 동그라미 안에 당신의 이름을 적어보라. 하나님께서 당신을 사용하실 수 있도록 당신을 열어 채널을 맞춰라. 은사를 찾는 첫 번째 단계는 개인적인 태도에 달려 있다. 그분을 섬기거나 사역을 하는 데 있어 당신의 태도는 어떠한가? 당신이 하나님 나라의 어떤 부분에 쓰일 수 있는지 정말로 궁금한가? 당신의 은사가 무엇인지 알기를 원하는가? 그 은사가 어떻게 하나님께 영광을 돌릴 수 있는지를 진정으로 알기 원하는가? 만일 당신이 '그렇다' 라고 한다면 당신은 두 번째 단계로 갈 준비가 된 것이다.

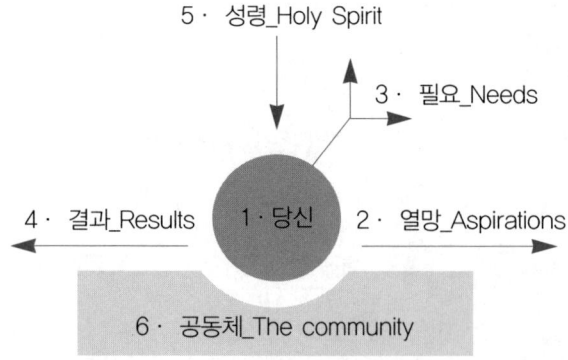

두 번째 단계를 한 단어로 줄일 수 있다면 그것은 열망(熱望)으로 표현할 수 있다. 사역을 위해 당신이 갖고 있는 열망과 목표는 무엇인가? 만일 내가 당신 옆에 앉아서 "당신은 하나님을 위해 무엇을 가장 성취하고 싶은가?"라는 질문을 한다면, 아마도 당신은 서너 가지 성취하고 싶은 결과에 대해 말할 것이다. 이러한 당신의 열망들은 당신의 은사가 무엇인지 힌트를 줄 수 있을 것이다. 사람들이 세운 목표나 열망은 대개 그것을 성취하기 위해 가져야 할 은사와 깊은 연관성을 가지고 있기 때문이다. 당신의 목표를 성취하기 위해 필요한 은사는 대부분 당신이 이미 가지고 있는 경우가 많다.

세 번째 단계를 보자. 이 단계에서의 핵심 단어는 '필요'이다. 당신이 출석하고 있는 교회나 그보다 큰 그리스도인 공동체를 살펴볼 때, 가장 결정적으로 필요한 것이 무엇이라고 보는가? 그리스도의 공동체 안에서 가장 부족하다고 느껴지는 부분은 어떤 것인가? 당신의 공동체 안에서 가장 필요한 부분이 무엇인지를 기록해 보라. 다시 말하지만 당신이 가장 필요하다고 생각하는 부분에 활용될 은사는 바로 당신이 이미 받은 은사일 확률이 높다. 왜 그런 것일까? 그것은 사역 안에서 당신의 은사가 필요한 곳에 자연스레 당신이 관심을 기울이게 되기 때문이다.

최근 나는 우리 교회에 있는 사역자들에게 이런 질문을 했다. "당신은 우리 교회에 가장 필요한 것이 무엇이라고 생각하는가?" 그 다음 어떤 반응이 나타났을지 예상될지도 모르겠다. 그 질문에 대해 전도의 은사가 있는 사람은 더 많은 곳에 나가 복음을 전해야 한다고 말했으며, 접대의 은사를 가진 사람은 도움이 필요한 사람들에게 우리의 대문을 열어야 한다고 말했다. 가르침의 은사를 가진 사람은 교육에 필요한 것들의 핵심을 지적했다. 이처럼 사람들이 공동체 안에서 필요한 것들을 찾을 때에 그 과정에서 자신들의 은사를 발견하게 되고, 또한 그 은사를 가장 잘 사용할 수 있는 곳을 찾게 된다.

하지만 사람들이 필요하다고 생각하는 그것이 사역에 대한 부르심으로까지 이어지는 것은 아니다. 왜냐하면 사람들이 모두 공동체 안의 특별한 필요에 대해 자신이 반드시 반응해야 한다고 느끼지는 않기 때문이다. 몇몇 사람들은 그들이 발견한 필요에 대해 빠르게 혹은 지나칠 정도로 헌신적으로 반응할 수도 있다. 그러나 사역에 지나치게 헌신적인 사람들은 또한 쉽사리 지쳐버리기도 한다. 그래서 여러 가지 이유로 자신을 과도하게 헌신시킨 후에는 지쳐서 어떤 사역에도 참여하기를 원치 않는 사람들도 있다. 특별히 돕거나 섬기는 은사를 가지고 있는 사람들에게는 때때로 너무 서두르지 말라고 경고할 필요가 있다. 그들 중에는 주변에서 자신의 도움이 필요한 것을 보면 너무나도 쉽게 헌신적인 사람으로 변하는 경우가 많다.

다음으로 네 번째 단계를 살펴보자. 이 부분에서 가장 핵심이 되는 단어는 '결과' 혹은 '열매를 남기다' 라는 말이다. 당신의 사역의 결과 혹은 열매는 무엇인가? 존 웨슬리는 그의 평신도 사역자들에게 활동적인 사역을 받아들이고 결정하기 전에 여러 가지 질문을 하곤 하였다. 첫째로 그는 그들의 회심에 관해 질문했다. 그리고 둘째로 그들의 삶에 대한 하나님의 부르심에 관해 질문했다. 셋째로 그는 사역을 위한 그들의 은사와 은혜에 관해 질문했다. 그리고 마지막으로 웨슬리는 그들이 하는 사역의 열매에 대해 알기를 원했다. 얼마나 그들이 다른 사람들에게 영향력을 미쳤는지, 그들의 은사를 활용함으로 긍정적인 결과들을 얻었는지.

나는 당신이 했던 사역의 결과를 측정해 보도록 과제를 제시하고 싶다. 이제까지 당신이 해왔던 사역들을 모두 기록해 보라. 각각의 사역 옆에 1부터 5까지의 번호를 기록하라. 5는 당신이 매우 만족스러운 결과를 얻었다는 것이고, 4는 좋은 결과, 3은 보통의 결과, 2는 부족한 결과, 1은 더 이상 말하지 말라는 의미의 번호이다. 이러한 과제를 함으로써 당신이 어떤 사역에서 가장 좋은 결과를 내고 있으며, 또 어떤 부분에서 가장 큰 영향력을 미치고 있는지 알 수 있다. 그런 뒤에 다음과 같은 질문을 스스로에게 해보라. "이 사역을 하는 가운데 나는 어떤 은사를 활용하였는가?"

자신의 은사를 찾는 다섯 번째 단계는 성령의 인도하심을 따르는 것이다. 성령은 지금 당신을 어떻게 이끌고 계신가? 당신은 특별하게 열려 있는 문을 느끼는가? 아니면 어떤 문제에 대해 사역의 닫힌 문을 느끼고 있는가? 성령께서 당신에게 의미 있고 흥미롭게 느낄만한 새로운 사역들을 보여 주시는가? 만일 그렇다면 그러한 사역들은 당신이 가지고 있는 은사에 대해 좀더 알 수 있도록 할 것이다. 나는 하나님이 당신을 어떤 결정으로 인도하실지 알 수 없다. 하지만 나는 많은 경우에, 하나님이 문을 열어주시는 방법으로 나를 인도하셨던 것을 안다. 다른 문들이 견고하게 닫혀 있을 때 어떤 문이 열려 있는데 그것도 아주 활짝 열려 있었던 것을 보았다. 이것이 바로 하나님이 우리의 삶을 이끌어 나가시는 방법 중 하나이다.

마지막으로 당신의 은사를 찾는 여섯 번째 단계에 대해 이야기해 보자. 이 단계에서의 핵심 단어는 '공동체'이다. 여기서 공동체란 형제자매가 있는 믿음의 공동체, 다시 말해 교회를 뜻한다. 만일 당신이 속해 있는 공동체 안에서 당신과 가깝게 지내는 사람들에게 당신의 은사에 대해 점수를 매겨 달라고 부탁한다면 그들의 반응은 어떠할까? 그들은 다음과 같이 말하면서 당신의 은사에 대해 확인해 줄지도 모른다. "데이브, 당신이 주일학교를 이끌었던 때가 있었죠? 그때 정말 멋졌어요! 당신의 가르침은 우리 모두에게 아주 도움이 되었고, 당신은 정말 알아듣기 쉽게 설명해주었어요." 이러한 것이 바로 당신의 은사를 확인시켜 주는 방법이다.

그렇지 않다면 당신은 이런 이야기를 들을 수도 있다. "데이브, 당신이 지금 매주 주일학교 학생들을 가르치는 일에 대해 생각하고 있다는 말을 들었어요. 나는 그리스도 공동체 안에서 당신과 나누고 싶은 것이 있어요. 난 당신이 여러 사역에서 섬기는 것을 보아왔어요. 당신이 심방하는 사역에서 얼마나 영향력 있게 일했었는지는 나도 알고 당신도 잘 알 거예요. 만일 당신이 생각하기에 내가 당신의 은사에 대해 조금이라도 알고 있다고 느낀다면, 내 생각에는 당신의 은사는 주일학교에서 아이들을 가르치는 것보다 심방 사역을 계속하는 데서 더 빛날 것 같아요. 그리고 당신은 전도에 은사가 있다고 확신해요. 당신이 우리 심방 팀에서 계속 일한다면 정말 큰 영향력을 미칠 수 있을 거예요."

이러한 말은 데이브의 친구로서 말하기 힘든 것인가? 물론 그럴 것이다. 대부분의 사람들은 그리스도인 형제자매들과 거리낌 없이 나누는 것을 어려워한다. 하지만 데이브의 친구는 방금 그에게 가르침의 은사는 잘 보이지 않는다고 말함으로써 아주 큰일을 해주었다. 만일 데이브가 친구의 말을 잘 들었다면, 그는 사역을 하는 데 있어서 고통과 번민을 많은 부분 덜 수 있을 것이다. 왜냐하면 우리 모두는 하나님께서 주신 은사를 최대한 활용할 수 있는 곳에서 섬기기를 원하기 때문이다.

만일 당신이 여기에 나오는 여섯 단계를 사용하여 은사를 찾게 된다면, 당신은 다음의 질문들을 통해 많은 도움을 얻을 수 있을 것이다.

1. 당신은 하나님과 하나님의 일에 사용될 수 있도록 당신 자신을 열어두고 있습니까?
   _____

2. 사역과 섬김을 위한 당신의 목표와 열망은 무엇입니까?
   _____

3. 당신이 참여하는 공동체에 가장 필요한 것은 무엇입니까?
   _____

4. 당신이 섬기고, 사역했던 부분에서 당신이 사용했던 방법은 무엇입니까?
   _____

5. 당신의 영적 여정 가운데 순종하며 나아갈 때 성령께서 특별한 은사를 확인시켜 주셨다고 느낍니까? 잠시 생각해 보고 그러한 성령께서 당신의 은사를 일깨워 주고 계시는 길의 목록을 기록해 보십시오.
   _____

6. 당신을 아주 잘 알고 있는 다른 그리스도인이 당신의 은사를 확인해 준 적이 있습니까?
   _____

━ 은사, 사역 그리고 성품

　　평신도들을 훈련하는 데 있어 중요한 것 중 하나는 평신도 자신들이 가진 성품과 자신들이 감당해야 할 사역이 어떻게 연관되는

지를 이해하도록 돕는 일이다.

　　하나님께서 주시는 은사와 그 사람의 개인적 성품 사이는 매우 중요하다. 어떤 두 사람이 전도하는 일에 은사를 가지고 있다고 해보자. 이 두 사람은 자신들의 성품에 따라 각각 서로 다른 방법으로 은사를 활용할 것이다. 은사가 '무엇?'에 해당하는 것이라고 말할 수 있다면, 성품은 '어떻게?'라는 것에 해당된다. 개인의 성품은 그가 어떤 방법으로 일을 할 것인지를 보여준다. 우리가 사람의 성품에 대해 이해하게 되면, 비록 같은 은사를 가지고 있다 하더라도 다른 사람들은 나와 다른 방법으로 사역한다는 것을 알게 될 것이다. 말하자면 한 개인의 성품은 하나님께서 그들에게 주신 은사를 활용하는 방법을 보여주는 방식이다.

　　우리가 가지고 있는 은사의 독특함뿐만 아니라, 우리가 은사를 활용하는 방법 역시 독특할 수 있다는 사실을 이해해야 한다. 다른 사람들이 우리가 이해하는 방식대로만 은사를 활용하고 사역에 참여해야 한다는 생각을 갖지 않도록 주의해야 한다. 은사의 독특한 성질과 그들을 배치하는 방식의 독특함에 대해 인식하는 것은 매우 중요하다. 이러한 인식은 나와 비슷한 은사를 가지고 있으면서도 다른 사역을 감당하고 있는 사람들에게 비판의 시선을 자제하게 될 것이다. 어떤 사람들은 다른 사람들도 자신과 똑같은 은사를 가져야 하고, 자신과 똑같은 방식으로 그 은사를 활용해야 한다는 잘못된 주장을 하기도 한다.

예를 들어 우리가 평신도 그룹을 훈련시킨다고 생각해보자. 그 중 몇몇 평신도들은 자기주장이 아주 강한 성격을 가졌고, 몇몇 사람들은 자신에게 주어진 일에 순응하는 성격을 가졌다고 가정해보자. 자기주장이 강한 성격의 사람들은 자신들이 적합하다고 생각하는 방법으로 일하려 할 것이다. 그러나 순응적인 성격을 가진 사람들은 세부적인 목록에 관심을 가질 것이다. 그들은 자세하고도 세밀한 지시사항에 관심을 두며, 자신들이 해야 할 일이 글로 기록되어 있는 것을 좋아한다. 그러므로 사람들의 성격적 특성에 맞게 훈련을 실행하는 것이 매우 중요하다. 같은 은사를 가진 평신도들이라 할지라도 그들의 성품에 따라 서로 다른 방향으로 은사를 활용할 수 있다.

하나님의 사람들은 매우 다양하기 때문에 그들에게 적절한 훈련을 실시하는 것이 중요하다. 평신도로서 당신이 받은 은사를 훌륭하게 사용하고, 당신의 기본적인 성품도 계속 유지할 수 있도록 적절한 환경을 제공하는 사역을 선택하는 것은 매우 중요한 일이다.

| 토의 문제 |

1. 은사에 대해 공부할 때 주의해야 할 점은 무엇인가?

2. 우리는 어떻게 달란트와 은사를 구분해야 하는가?

3. 우리가 영적인 은사들을 발견할 수 있도록 도와줄 수 있는 지침은 무엇인가?

4. 모든 사람이 동일한 은사를 가지고 있기를 기대해서는 안 되는 이유는 무엇인가?

5. 만일 당신이 영적인 은사를 발견했다면, 당신은 그것을 어떻게 발견했는가?

6. 은사에 대한 연구가 당신의 교회의 성숙에 어떤 기여를 한다고 생각하는가?

05 사역을 위한 훈련
Training for Ministry

━━ 평신도 훈련을 위한 계획

만일 열매 맺는 사역에 평신도를 포함시킬 예정이라면 그들을 훈련시키는 것은 필수적이다. 나는 목사들이 평신도들에게 교회에서 중요한 역할을 해야 한다고 가르치면서도 그들에게 어떤 훈련도 받을 기회를 제공하지 않는 사례들을 많이 보아왔다. 그것은 공평하지 않다.

평신도 사역에 있어서 균형을 잘 맞춰야 할 부분들이 있다. 그것은 사역에 대한 부르심의 확인, 사역을 위한 은사의 발견, 그리고 사역에 대한 훈련을 받는 것이다. 누구든 평신도 사역을 심각하게 고려하고 있는 사람이 있다면, 평신도를 훈련하는 일에 많은 관심을 가져야 한다. 사역은 자동으로 되는 것이 아니다. 그렇다고 사역이 언제나 엄격한 무언가를 필요로 하는 것도 아니다. 다만, 훈련과 표현을 위한 방법이 필요한 것이다.

지난 몇 년 동안 나는 수많은 교회와 그 교회들이 행하고 있는 훈련 프로그램들을 관찰해 보았다. 그 결과 많은 교회의 지도자들이 그들의 사역 가운데서 행하는 평신도 훈련에 대해 아주 낮은 가치의 일쯤으로 생각하고 있다는 느낌을 받았다. 만약 당신이 평신도 사역을 중요하게 생각하고 있다면, 이전에 많은 교회의 지도자들이 생각했던 것처럼 평신도 사역을 가치가 낮은 것으로 생각해서는 안 된다. 다른 어떤 것보다도 평신도 훈련을 당신의 사역의 중요한 우선순위에 두어야 한다. 평신도 훈련은 지도자들에게 '의도적' 이어야 한다. 지금까지 평신도 훈련이라고 불려왔던 것들의 대부분은 직접 디자인된 것이 아니라 애초부터 있었던 훈련들을 반복하는 것이었다고 할 수 있다. 평신도 사역 훈련은 분명한 목적을 가지고 해야 한다. 이것은 뚜렷한 목적과 목표, 그리고 확실한 방법으로 디자인 되어야 한다. 평신도가 목회 사역의 조연이 되기 위해 훈련 받는다는 것은 말도 안 된다.

나사렛 베다니 제일교회의 폰더 질리랜드(Ponder W. Gilliland)목사는 1978년부터 1986년까지의 8년간 교회 사역에 대한 우선순위 목록을 작성하였다. 여기에 소개하는 것은 그러한 '교회의 사명' 가운데 다섯 가지 핵심 내용들이다.

1. 예배하는 공동체가 되어야 한다. 우리는 예수 그리스도의 몸으로서 주님을 위하여, 주님께 은혜를 받고, 주님을 느끼며, 서로에게 더 깊이 다가갈 수 있어야 한다.

2. 치유하는 교제가 있어야 한다. 교인들 한 사람 한 사람의 온전함을 찾기 위해 노력하는 다양한 사역이 있어야 한다.

3. 모든 면에서 준비시켜 주는 곳이어야 한다. 평신도가 자신의 은사를 발견하고, 사역에 헌신하기 위해 훈련 받는 곳이 되어야 한다.

4. 전도를 책임지는 곳이어야 한다. 예수 그리스도의 복음으로 오클라호마 지역에 거주하는 사람들에게 다가가고, 그들이 주님의 사랑에 반응할 수 있도록 초대하는 곳이 되어야 한다.

5. 보내고 섬기는 곳이어야 한다. 우리는 하나님으로부터 용서받고 사람들을 용서하는 교회, 하나님의 사랑을 받고 인간을 사랑하는 교회, 하나님의 돌보심을 받고 사람들을 돌보는 교회로서, 사람들이 예수 그리스도의 삶을 살아가도록 오클라호마 지역에 일꾼들을 보내는 역할을 하는 교회가 되어야 한다.

교회의 이러한 다섯 가지 사명 가운데서 몇 가지가 평신도 훈련에 관해 이야기하는지 생각해 보라. 3번과 4번, 그리고 5번이 평신도 훈련과 연관되어 있다. 폰더 목사는 8년간의 목회 사역 동안 평신도 훈련과 교인들의 신앙 성숙에 모든 사역의 우선순위를 두었다. 교회 안에서 평신도 훈련이 제대로만 이루어진다면, 그 사역은 놀라운 열매들을 거두게 될 것이다. 평신도 훈련은 특별하게 디자인 되어야 그 목적을 달성할 수 있다. 하지만 애석하게도 아주 소수의 교회 공동체만이 체계적이면서 잘 발전된, 그리고 오랜 연구를 통해 만들어진 평신도 훈련 프로그램을 가지고 있다.

'평신도 훈련'이라는 말에 반대하는 사람들도 있다. 그것은 '훈련'이란 단어와 하나님의 사람들이란 뜻으로 해석되는 '라오스'라는 단어의 의미가 포함하는 자연적 특징 사이에 아무런 관련이 없다고 느끼기 때문이다. 그러한 사람들은 차라리 '평신도 조직'이라는 말을 더 좋아하는 경향이 있다. 평신도 훈련이라는 말보다 평신도 조직이라는 말을 선호하는 또 다른 이유는, 만일 목사가 평신도를 훈련하는 역할을 하면 평신도와 목사 사이에 갈등이 일어날 것이라고 생각해 그것을 두려워하기 때문이다. 그런 사람들은 한 사람이 다른 사람을 훈련시키고 있다고 말하는 것을 교만한 일이라고 느낀다.

키스트(A. W. Kist)는 "현대 교회의 평신도 훈련은…목사와 그의 회중 간의 의사소통 통로가 하나로만 구성되어서는 안 된다"[1]고 했다. 평신도 훈련이나 평신도 조직은 그 어떤 것보다도 더욱 상호간에 영향을 끼치는 것이다. 평신도 훈련의 중심에는 먼저 두 가지 명제가 전제되어야 한다. 그것은 첫째, 하나님의 백성은 훈련을 필요로 하는 섬김을 위해 존재한다는 것이며, 둘째, 훈련을 시키는 사람은 훈련받는 사람들의 선생이 아니라 그들을 섬기는 사람이라는 것이다. 우리가 평신도들에게 사역 훈련을 함에 있어서, 이것은 지식이 없는 사람들에게 우리의 지식을 전해 줌으로써 우리가 그들의 선생이 되려는 것이 아니다. 그보다 하나님을 위해 많은 일을 하고 싶어하는 평신도들에게 그렇게 할 수 있도록 돕는 것이며, '준비시키는 사람'(equipper)을 필요로 하는 이들을 섬기는 것뿐이다. 그들을 준비시킬 수 있는 사람들은 목사들로서, 평신도들이 사역에 대한 부르심을 이해하도록 돕고, 사역을 위한 그들의 은사를 발견하게 하며, 어떻게 사역을 선택할 것인지를 배우게 하고, 사역에 필요한 훈련을 제공받을 수 있도록 한다.

당신의 공동체 안에서 실행되고 있는 평신도 훈련을 직접 평가해 보고 살펴보는 것이 도움이 될 것이다. 다음에 소개하는 질문들은 당신이 속해 있는 훈련뿐만 아니라, 평신도들의 필요를 알고 당신이 하게 될 훈련에도 도움이 될 것이다. 다음의 질문에 답해 보라.

5장 사역을 위한 훈련

| 평신도 훈련 질문지 |

1. 평신도가 사역에 '부르심' 받았다고 하는 것을 어떠한 방법으로 알게 되는가?

2. 평신도들이 은사를 발견하도록 제공되는 훈련에는 어떤 것이 있는가?

3. 특별한 은사를 가진 평신도들에게 가능한 사역은 어떤 것이 있는가?

4. 모든 평신도를 위해 평신도가 사역할 수 있는 기회들이 기록된 포괄적인 목록을 가지고 있는가?

5. 평신도가 그들이 감당해야 할 사역을 위해 충분히 훈련을 받았는가?

6. 주변 교회에서 진행되는 사역들과 평신도들에게 제공되는 훈련에 대해 기록해 보시오.

사역	훈련	훈련 기간

7. 평신도들이 적절하지 않게 훈련된 사역은 어떤 것들이 있는가? 훈련을 개선하기 위해 할 수 있는 일은 무엇인가?

사역	가능한 훈련

8. 어떠한 사람이 7번에서 언급한 훈련을 가능하게 할 수 있는 은사와 기술을 가지고 있는가?

사역	사람

준비시키는 사람과 훈련 과정

몇 년 전 평신도 사역에 대한 세미나를 진행하고 있을 때였다. 세미나에 참석한 목사님 한 분이 세미나 내용을 듣고 굉장히 화가 나 있었다. 그는 내가 평신도에게 그들이 사역자이며, 각자의 사역을 감당할 수 있도록 훈련 받는다면 머지않아 교회는 목회자에 대한 필요성을 느끼지 못할 거라고 말한 것처럼 느꼈다. 나는 그의 말에 대해 의아해하며 왜 그가 그 같은 오해를 하게 되었는지 깊이 생각하게 되었다. 그리고 그 이후 세미나의 초점을 바꾸었다. 직접적으로 평신도 사역에 대해 이야기하지 않고, 목사와 평신도 간의 협력에 대하여 언급하기 시작했다. 그것은 평신도와 목사가 사역에 있어서 동역자(파트너)가 되는 것을 의미했다. 이것이 바로 이 책의 제목이 태어난 계기이다.

평신도 사역에 대한 진지한 견해를 가진 사람들은 목사가 갖는 중요한 역할을 당연한 것으로 생각한다. 평신도의 높은 교리적 지식은 목사의 높은 교리적 지식에 기초한다. 평신도가 영향력 넘치는 사역을 하기 위해서는 누군가의 도움이 필요하고 누군가 그를 이끌어 줘야 한다. 누가 그에게 도움을 제공하겠는가? 누가 그들을 준비시킬 수 있는가? 누가 이러한 일을 할 수 있도록 하는가? 그렇다 이러한 일들을 하게 하는 것은 바로 목사의 몫이다. 목사는 사역의 성경적 소명의 기초를 놓는 사람이다. 목사는 사역을 성공적으로 이끌기 위해 평신도들에게 그들의 은사가 무엇인지 이해시키고 가르치며, 사역을 위해 그들이 최소한의 훈련을 받을 수 있도록 자리를 마련해 주고 그들을 돕는 역할을 한다. 모든 영향력 있는 평신도 사역자는 교회의 목사를 통해 제공된 훈련과 격려의 정도에 따라 탄생된다. 평신도 사역은 목사를 반대하자는 운동도, 목사에게 반항하자는 운동도 아니다. 평신도 운동은 오히려 평신도와 목사를 좀더 가깝게 만들어 서로 돕고 협력하여 효율적으로 사역할 수 있게 하는 교회 신앙 운동이다.

A. 준비시키는 사람들을 위한 지침

어떤 사람은 평신도 사역이 교회에서 봉급을 받으며 일하는 사람들을 필요 없게 만든다고 생각할지도 모른다. 하지만 그렇지 않다. 목사는 신분이 아니라 그들의 직무에 따라 구분되었을 뿐이다. 그들은 평신도가 사역에 대하여 소명과 은사를 발견할 수 있도록 정확한 말씀을 가르쳐야 할 소명이 있는 사람들이다. 목사나 성직자들은 평신도가 훈련되고 사역에 준비될 수 있도록 올바른 길을 제공해 주어야 한다.

목사는 사역자가 아니다. 사역자를 훈련시키는 사람이다. 교회 공동체는 한 명의 목사와 2백여 명의 교구 구성원으로 이루어진 것이 아니다. 오히려 2백여 명의 가능성 있는 사역자들-사역하고 있는 평신도-과 한 사람의 준비시키는 자-목사로서의 사역자-로 이루어진 것이다. 한 사람은 할 수 있게 하는 사역을 하는 사람이며, 다른 모든 사람이 사역자이다. 평신도 사역에 대한 관심이 높아질수록 평신도가 쉽게 사역을 할 수 있도록 돕는 목사의 중요성도 높아진다. 자신의 사역이 목사와 아무 관계가 없다고 생각하는 평신도는 그 누구라도 사역을 준비시키는 사람의 결정적인 중요성을 알지 못하는 사람이다. 마찬가지로 평신도 사역이 그렇게 중요하지 않다고 느끼는 목사도 하나님께서 주신 라오스, 즉 하나님의 사람들의 부르심을 이해하지 못한다고 할 수 있다.

에드윈 린버그(Edwin Linberg)는 '준비시키는 사람으로서의 목사'에 관한 박사학위 논문을 썼다. 그는 학위 논문에서 다음과 같이 말하고 있다.

> 목사가 가능하게 하는 사람(enabler)으로서 사역을 하면, 평신도들은 그들의 사역을 하나님의 사람들의 한 부분(교회)으로 여기고 책임을 질 것이다…목사가 평신도를 돕고 준비시키는 사역에 온 힘을 쏟는다면, 그는 결과에 대해 절대 실망하지 않을 것이다. 평신도들이 그들의 사역에서 영향력 있게 일하는 것을 보고 만족함을 느낄 것이다. 평신도 사역을 준비시키기 위하여 자신의 기질을 발산함으로써 오히려 개인적인 성취를 가져올 것이다.[2]

에드윈 린버그는 또 준비시키는 자로서 사역을 하는 목사는 다음에 소개하는 내용에 따라 행한다고 했다.

1. 그는 사역에서 일어날 수 있는 다양한 요구들을 성경적으로, 신학적으로, 또한 실질적으로 분명하게 설명할 수 있으며 그것을 충분히 알고 있다.

2. 그는 사역에 연관된 사람들이 직접적인 경험으로 배울 수 있도록 그들을 이끌어갈 수 있는 능력을 가지고 있다.

3. 그는 자신의 능력을 섬기는 교회 안에서 어떤 상황이나 관계나 만남이나 활동 안에서 창의적으로 활용할 수 있다. 왜냐하면 모든 상황은 사람들이 더욱 배우고 성장할 수 있도록 잠재력 있는 기회를 제공하기 때문이다.

4. 그는 전문적인 사역자로서 교인들이 생각이나 말만이 아닌 직접적인 행동으로 자신에게 맡겨진 사역을 감당할 수 있도록 '다리'나 '연결고리' 역할을 한다.

5. 그는 자신의 사역을 제자화함으로써 모든 면에서 평신도 사역이 확장되도록 한다. 그래서 예수 그리스도의 사역의 영향력을 타인의 삶에까지 확장시킨다.[3]

목사가 평신도 사역을 위해 평신도들을 훈련시키는 일을 도울 수 있는, '준비시키는 자를 위한 몇 개의 기본 지침'을 소개하고자 한다.

(1) 한 가지 간단한 지침은 공동체 안의 사람들에게 적절한 단어를 사용하도록 격려하는 것이다. 이것에 관한 내용은 1장에서 이미 언급한 바 있다. 예를 들면 모든 사람에게 사역자라는 단어를 사용하도록 하는 것이다. 만일 평신도가 공동체의 한 사람에게만 사역자라는 단어를 사용한다면, 그들은 다른 평신도들을 사역자라고 생각하지 않게 될 것이다. 어쩌면 우리는 사역자라는 단어를 보다 성경적인 관점에서 사용하도록 이끌어야 한다. 우리 모두는 사역자이다. 목사는 목회자의 사역에 부르심을 받은 것이며, 평신도는 다양한 평신도 사역에 부르심을 받은 것이다. 중요한 것은 우리 모두가 성경적 관점에서 말하는 진정한 의미의 사역자라는 것이다.

(2) 준비시키는 자를 위한 또 다른 지침은 평신도들의 직업적 사역을 확인시키는 일이다. 이 또한 매우 중요한 일이라 할 수 있다. 이미 언급 했듯이 모든 평신도는 교회에서의 사역뿐만 아니라 그들의 직업상의 사역에도 책임을 다해야 한다. 우리와 같은 목사들은 교회에서 하는 일이 직업이기 때문에 평신도들이 교회 안에서만 사는 것이 아니라 세상에서도 살아가고 있다는 사실을 자주 잊어버리곤 한다. 그들은 목사들이 잊기 쉬운 많은 억압과 스트레스 속에서 살고 있다.

(3) 준비시키는 자는 교회 안의 모든 활동들에 대해 그것이 평신도들을 준비시킬 수 있는지 가능성을 평가해 봐야 한다. 당신의 공동체에서 행하는 활동 중 몇 가지가 평신도들의 사역을 준비시키는 기회를 제공하고 있는가? 평신도들을 하나님의 백성이 되게 하기보다 교회의 본성에만 치중하게 하는 활동에는 어떤 것이 있는가?

(4) 준비시키는 자는 그들이 다른 사람들을 준비시키는 일을 보조할 수 있는 은사와 기술을 갖춘 사람들을 뽑아야 한다. 나는 평신도를 훈련하는 과정에서 다른 사람들에게 도움을 요청해야 했다. 목회 상담 사역자는 특정 분야에서 내가 평신도 사역자들을 훈련시키는 일을 보조했다. 그는 평신도 사역자들이 병원을 방문하거나 가족의 죽음을 경험했을 때 돌보는 일을 하도록 준비시켰다. 또 다른 능력 있는 지도자는 평신도 사역자들에게 상담하는 일을 훈련시켰다. 그는 평신도 사역자들에게 내담자가 찾아왔을 때 적당한 상담자를 찾아 주는 방법과 창조적인 경청자가 되는 법을 가르쳐 주었다. 성공한 비즈니스맨은 평신도 사역자들에게 재정문제에 대해 상담하는 법을 훈련시켜 주었다. 그들은 대부분 자기 분야에서 전문가들이다. 그래서 내가 할 수 있는 것보다 더 많은 부분에서, 그리고 보다 전문적인 의견을 제공할 수 있었다. 대부분의 교회 공동체에는 목사가 평신도들을 준비시키는 데 도움을 줄 수 있는 재능을 가진 평신도들이 있다. 우리가 목사를 준비시키는 자로 칭하고는 있지만, 보다

정확히 말한다면 목사는 준비시키는 과정이 마무리 되는 것을 보는 사람이라고 할 수 있다. 그리고 은사를 받은 평신도들이 그 준비시키는 과정을 보조한다고 할 수 있다.

(5) 준비시키는 자를 위한 또 다른 지침이 있다. 그것은 훈련 과정에 반드시 실제적인 행동을 포함시켜야 한다는 것이다. 우리 중 얼마나 많은 사람이 교실에서의 경험이 전부인, 그리고 실제는 우리의 생각보다 훨씬 힘들고 어렵다는 사실을 발견시키는 훈련을 받아 왔는가? 훈련 과정이라면 그 어떤 것도 반드시 교실에서의 경험과 실제 생활에서의 경험의 균형을 갖춰야 한다.

몇 년 전 나는 한 교회에서 부교역자로 사역하면서 세 개의 평신도 사역자 그룹을 훈련시켰던 적이 있다. 첫 번째 그룹은 평신도 사역자로서의 기능을 할 수 있기까지 거의 8개월간의 훈련을 받았다. 두 번째 그룹의 경우는 5개월 정도로 줄었고, 세 번째 그룹은 단지 한 달 정도 훈련을 받은 뒤 평신도 사역자로 사역을 시작했다. 왜 내가 이들의 훈련 속도를 점점 높였는지 알겠는가? 그것은 훈련 중에 흥미로운 사실을 하나 발견했기 때문이다. 첫 번째 그룹의 사람들이 훈련을 받기 위해 모였을 때였다. 그 중 한 명이 이런 말을 했다. "이렇게 같이 모여 있는 시간이 너무나도 즐겁습니다. 평신도 사역자가 되는 것은 잠시 뒤로 미루고 계속해서 이렇게 모이면 어떨까요?" 그것은 내가 그들에게 일에 대한 경험을 주기보다 교실 안에서 훈련 받는 특권을 너무 오래 주었다는 사실을 깨닫게 하는 계기가 되었다. 그들은 서로 같이 있어 좋음을 말한 것이지만, 목사인 나에게는 이것이 다른 의미로 다가왔다. 그것은 내가 성도들이 다른 사람들을 위해 사역하도록 동기부여하는 데 실패했음을 의미했다. 효과적인 훈련 프로그램은 교실 안에서 하는 교육만이 아니라 실제적인 행동도 반드시 포함해야 했던 것이다.

B. 훈련 과정

훈련 과정은 적어도 다섯 가지의 분명한 단계를 포함한다.[4] 준비시키는 사람은 이러한 단계들 사이의 균형에 대해 이해해야 한다. 첫 번째 단계는 '연합'(association)이다. 여기서 연합이라는 말은 단순히 훈련시키려는 사람들과 함께 있는 것을 의미한다. 의미 있는 평신도 사역자로 훈련된 이들은 한 개인으로, 그리고 준비시키는 자인 당신의 헌신의 정도에 직접적으로 비례해서 일할 것이다. 그러므로 훈련은 '사역의 방법'에 관한 인지적 지식을 전달하는 것보다 훨씬 많은 것을 포함한다. 효과적인 평신도 훈련은 준비시키는 자와 준비되는 자의 친밀한 관계와 결합되어 시작하게 된다.

두 번째 단계는 '전달'(impartation)이다. 이것은 사역의 기본적인 '방법'에 대해 실제적으로 전달하는 과정이다. 이 단계는 '교실 안에서의 단계'라고 이름 붙일 수 있다.

세 번째 단계는 '실연'(demonstration)이다. 말로만 하는 교육은 사람들에게 거의 영향을 미치지 못한다. 거의 모든 사람들은 다른 사람이 하는 것을 보고 배운다. 나 또한 설교자에게 그리스도를 증거하는 것이 필요하다는 설교를 들음으로써 믿음을 나누는 방법을 배운 것이 아니다. 나의 친구들이 그들의 믿음을 다른 사람들과 나누는 것을 보고 들으면서 배울 수 있었다. 그리고 그러한 일들은 이제 내 삶의 한 부분이 되었다.

훈련의 네 번째 단계는 '위임'(delegation)이다. 이것은 그들에게 책임을 맡기는 것을 말한다. 몇몇 목사들에게는 이 일이 힘든 일일 수도 있다. 하지만 평신도들에게 사역을 할당하고 그들이 실패나 성공을 자유롭게 맛볼 수 있도록 허용하는 것은 중요하다. 이 단계에서 평신도들은 자신의 책임 하에서 사역이 끝마쳐져야 한다는 사실을 이해해야 한다. 평신도가 그들의 사역에서 실패하면 언제라도 목회자가 달려와서 그들의 일을 넘겨받으리라는 인상을 주는 것은 결코 바람직한 훈련이 아니다.

다섯 번째 단계는 '관리'(supervision)이다. 이것은 두루살피는 것을 의미한다. 책임의 통로를 갖게 하고 이제까지 행하여진 사역들을 관리하는 일이다. 책임의 선을 세우는 것은 평신도 사역자들을 감시하려는 목적이 아니다. 그것은 그들을 격려하기 위해 그리고 가장 적절한 도움을 주는 방법으로 그들을 보조하기 위함이다.

평신도 사역 훈련의 장애물을 극복하는 방법

교회가 평신도 사역 훈련 프로그램을 시작하는 것을 방해하는 몇몇 장벽들이 존재한다. 그 중 몇 가지에 대해 이야기해 보자. 지금 즉시 그룹을 나누어서 모임을 갖는 것이 좋을 것 같다. 내 말은, 이 책을 읽고 있는 이들을 목사들과 평신도들로 나누어 보자는 것이다. 먼저 우리는 평신도 사역 훈련에 대해 질문할 것이다. 목사들은 '목사의 대답'이라고 적힌 부분을 읽고, 평신도들은 '평신도의 대답'이라고 적힌 부분을 읽으면 된다.

무엇이 장애물인가?
장애물 1 : 몇몇 목사들은 평신도 사역이라는 것에 대해 두려움을 느낀다.
목사의 대답 :

목사들이여, 우리가 두 가지 서로 별개인 사실에 대해 혼동하기가 쉽다. '평신도의 자유' 라는 말의 의미는 평신도들이 사역을 자유롭게 한다는 의미이지, 그들을 무정부 상태가 되도록 해방시킨다는 의미는 아니다. 평신도 사역을 중요하게 강조하는 것을 두려워하는 몇몇의 목사들은 평신도들이 교회 생활에서 쓸데없이 독단적인 존재가 될 것이라고 추측한다. 이것은 우리가 의도하는 바가 절대 아니다. 평신도 사역은 평신도들이 자신들의 은사를 자유롭게 활용할 수 있도록 하는 것을 말한다. 이것은 당신의 사역의 가치를 손상시키는 것이 아니다. 오히려 이것을 함으로써 당신의 사역은 더 풍성하게 될 것이다. 당신이 평신도 사역자들에게 하나님의 사역을 위하여 준비시키고 훈련시키는 것은 당신의 사역의 폭을 넓혀주고 사역의 다양성을 갖게 하여 줄 것이다. 당신이 평신도 사역으로 인해 위협을 느낄 필요는 전혀 없다.

평신도의 대답 :

　　　평신도들이여, 목사들이 때때로 위협을 느끼는 이유 중 하나는 평신도들이 지나치게 독단적으로 활동함으로 목사 자신의 리더십을 한 번도 발휘하지 못한 교회들에 대해 알아왔기 때문이다. 이것은 거의 불행에 가까운 일이다. 목사에게 평신도 사역에 대한 훈련들을 요청함으로써 당신이 목사를 위협하지 않는다는 사실을 확인시킬 수 있는 방법은 그에게 동역자가 되고자 하는 마음을 알게 하는 것이다. 나의 은사가 무엇인지, 어떻게 그것을 활용해야 하는지에 대해 도움이 필요하다는 사실을 목사가 알도록 해야 한다. 이렇게 하는 과정에서 당신의 은사뿐만 아니라 목사의 은사도 최대한으로 활용하게 될 것이다. 그러면 목사가 당신으로 인해 위협을 느끼지 않을 뿐만 아니라 만족스런 느낌까지 갖게 된다는 사실을 당신은 감지하게 될 것이다. 쉽게 말해, 당신은 목사와의 관계 속에서 기쁨을 얻을 수 있게 될 것이다.

장애물 2 : 몇몇 목사들은 평신도 훈련을 제공하는 데 있어 자신이 부적합한 사람이라고 느낄지 모른다.

목사의 대답 :

이것은 이해할 만하다. 우리 모두가 성경 대학이나, 대학에서의 훈련 혹은 대학원에서 교육을 받았음에도, 우리 중 대부분이 평신도가 사역을 할 수 있도록 훈련시키는 데 대한 적절한 훈련은 받지 못했다는 사실을 인정할 필요가 있다. 우리는 직업적인 목사가 되기 위해 공부해왔지만, 다른 사람들을 사역자로 훈련시키는 방법은 배우지 못했다. 그러므로 우리가 부적합하다는 느낌을 받는 것은 이상한 일이 아니다. 나는 사역에 대한 훈련을 받기 위해 다섯 개의 교육 기관에서 공부했다. 내가 공부했던 그 학교들은 무척이나 좋은 곳들이었으며, 이러한 학교에 다니는 것에 대해 큰 자부심을 가지고 있었다. 그럼에도 나는 다른 사람들을 훈련시키는 일에 대해서는 거의 훈련을 받지 못했다. 나는 이러한 일을 시행하면서 배우고 있다.

우리가 목사로서 할 수 있는 최선의 선택 중 하나는 바로 정직해지는 것이다. 우리가 어떤 특정한 사역을 이루려고 노력하고 있거나, 우리 자신의 부적합함에 대한 느낌과 싸우고 있다면 그 사실을 인정하는 것이 좋다. 나는 우리 평신도 사역자들에게 내가 그들을 훈련시키는 최선의 방법에 대해 확신하지 못한다는 사실을 말하기를 주저하지 않는다. 나는 지금도 실험을 하는 중이다. 어떤 실험이든 시행착오와 실수는 있을 것이다. 특별히 실수가 많을 수도 있다. 나는 사람들에게 나에 대해 인내심을 가져줄 것을 요구한다. 왜냐하면 나에게도 그들을 최선으로 준비시키고 훈련시키는 방법을 배우는 데 시간이 필요하기 때문이다.

우리가 지금 무슨 이야기를 하고 있는가? 평신도를 훈련하는 과정에서 자신이 부적합하다고 느끼는 것은 아무런 잘못이 아니라는 것을 말하고 있다. 그것은 충분히 이해할 수 있는 일이다. 그러나 만일 우리가 부족하다는 사실을 부인하거나 감추려고 한다면, 평신도들은 그러한 것을 이해할 수 없을 것이다. 차라리 우리의 부족함을 인정하고 평신도 사역을 위해 우리의 능력을 개선하려고 노력하는 것이 훨씬 더 낫다.

평신도를 위한 대답 :

평신도들도 목사들에 대해 인내심을 가져야 한다는 사실을 이해해야 한다. 우리 중 많은 사람이 평신도 사역을 하도록 충분히 훈련 받지 못했다. 만일 당신이 목사들에게 충분한 시간과 실험에서 실패할 수도 있다는 자유를 준다면, 목사들은 당신을 좀더 잘 훈련시킬 수 있는 방법을 배우게 될 것이다. 다른 말로 하면, 나는 지금 당신에게 우리에 대해 인내심을 가져 달라고 요청하고 있다. 그렇게 할 수만 있다면 목사들은 평신도들에게 무척 고마워할 것이다. 왜냐하면 목사들이야 말로 당신이 사역을 더 잘 할 수 있도록 훈련시킬 방법을 배울 수 있기를 진실로 원하는 사람들이기 때문이다.

5장 사역을 위한 훈련

우리는 사역을 위해 당신을 훈련시키는 일에서 우리 자신이 종종 부적합하다는 느낌을 받는다는 사실을 부인하지 않는다. 그러나 평신도 사역에 대하여 강조하는 것은 우리 중 많은 이들에게는 매우 새로운 사실이라는 점을 기억하길 바란다. 학교에서 받은 훈련에서는 이것이 거의 강조되지 않았다. 그래서 목사들도 배워야 할 것이 많고, 경우에 따라서는 교회에서 그것들을 실행에 옮기면서 다시 배우기도 한다.

장애물 3 : 몇몇 목사들은 평신도 훈련이 필요하지 않다고 느낄지도 모른다.
목사의 대답 :
나는 에드윈 린버그의 논문으로 이 장애물에 대해 답변할 것이다.

"이 프로젝트를 시작하면서 나의 직업적인 사역에서의 개인적인 경험을 추적해 보았다. 신학교 생활과 학생이었을 때의 교회생활에서부터, 처음 목사가 되어 지금까지 6년 6개월 동안 목회를 하고 있는 캘리포니아 주 템플시티교회의 담임목사가 되기까지. 이러한 경험들을 회상하게 된 것은 지난 20년 동안 글이나 말로 교회 안에서 두드러지게 나타났던 교회의 갱신(renewal)에 대한 강력한 느낌들이 반영되었기 때문이다.

이러한 과정 속에서 교회의 갱신은 단지 회복을 방해하는 목사 자신의 무능력과 무기력에 대한 갈급함이나 꿈의 문제가 아님을 깨닫게 되었다. 기술적인 면에서 부족한 목사나 사려 깊은 목사나 모두들 평신도가 그들의 사역에서 충분히 일할 수 있게 하는 적절한 훈련을 제공하지 못하였다는 것이다. 만약 훈련이 필요 없었다고 한다면 이는 목사들이 평신도들에게 사역에 참여할 수 있는 기회를 자유롭게 주지 못했기 때문이다. 이 프로젝트를 시작하면서 나는 교회의 회복을 막은 것은 그들의 사역에서 어려움을 느끼거나 실패에 대한 책임을 두려워한 평신도들이 아니라 목사들이라고 느끼게 되었다.

이러한 신념을 키워가면서 나는 '만일 하나님의 사람들인 평신도가 사역하는 것이 하나님의 사람들의 책임이라고 말하는 성경말씀에 따라, 평신도가 사역에 대한 책임을 받아들인다면 목사들은 반드시 도와주는 자, 그리고 평신도 사역을 준비시키는 자가 되어야 한다' 는 것을 나의 논문 주제로 삼았다."[5]

에드윈 린버그의 글을 받아들이기가 쉽지는 않을 것이다. 그는 '평신도들의 문제' 는 사실 평신도의 문제가 아니라고 말한다. 그것은 바로 목사들의 문제이다. 목사들은 평신도들이 의미 있고, 체계적이며, 지속 가능한 사역에 참여할 수 있도록 앞장서서 그들을 훈련시키지 못했다. 평신도 사역이 중요하다고 말하는 것은, 평신도 사역에 대한 훈련을 제공하여 사역의 기회를 주는 일을 실천하는 것보다 훨씬 쉬운 일이다. 나는 평신도 사역의 중요성을 지지하지 않는 목사를 아직 발견하지 못했다. 하지만 평신도가 열매 맺는 사역에 참여하도록 양육하는 과정을 제공하는 교회는 쉽게 찾아 볼 수 없다. 그만큼 우리는 평신도 사역을 사역의 우선순위에 올려놓지 않은 것이다.

평신도의 대답 :

이것은 아마 당신 앞에 놓인 가장 어려운 장애물 중 하나일 것이다. 만일 당신이 출석하는 교회의 목사가 평신도 사역에 대해 결정적으로 중요한 사항이 아니라고 생각한다면, 솔직히 말해 당신이 할 수 있는 일은 거의 없다. 나는 세미나를 통해 많은 사람들에게 평신도 사역에 관해 강의할 수 있는 기회가 종종 있었다. 때때로 강의를 하면서 망설이는 경우가 있었는데, 그것은 강의를 통해 몇몇 평신도들이 자신들의 사역의 가능성에 대해 흥분하며 교회로 돌아가지만, 그렇지 않은 목사들을 교회에서 만나는 경우가 존재한다는 것이다. 만일 그들이 평신도가 사역을 위해 훈련받는 일을 원하는 목사와 함께 있다면 그들은 굉장한 행운아이다. 하지만 가끔은 평신도가 사역에 참여함에 있어서 목사로부터 어떠한 격려도 받지 못하는 상황이 존재한다.

만일 당신의 목사가 평신도 사역이 불필요하다고 느끼는 사람이라면, 이렇게 하기를 권면하고 싶다. 1) 당신의 목사를 위해 진심으로 기도하라. 2) 당신이 관심 갖고 있는 일을 목사와 나눌 기회를 만들어라. 3)

비록 당신의 목사가 평신도 사역을 외면해도 포기하지 마라. (당신도 알다시피 목사들은 변화에 익숙한 사람들이다.) 4) 십자군이 되지 마라. 이는 당신 주위의 사람들을 불러 모아 목사를 반대하는 대항 세력을 만들지 말라는 것이다. 5) 기다림이라는 영적 미덕을 배우라.

내가 당신에게 이렇게 말하는 것이 그들에게 실제로 행동하는 것보다 훨씬 쉽다는 사실을 안다. 그러나 당신이 이대로 따른다면, 그들은 기대 이상의 높은 대가로 보상할 것이다. 그리고 그들은 당신이 갈망하던 결과들을 거둘 수 있도록 기회를 줄 것이다.

장애물 4 : 몇몇 평신도들은 평신도 사역 훈련에 대하여 위협을 느낀다.
목사의 대답 :

우리 중 몇몇 목사들은 다음과 같이 말하는 평신도를 만날 것이다. "사역에 대한 이야기들이 다 무슨 말이죠? 나는 목사가 아니잖아요! 당신이 목회자인걸요. 그래서 우리가 당신에게 사례비도 지불하는 거잖아요." 제임스 케네디 박사(Dr. James Kennedy)의 말에 따르면, 평신도들은 이렇게 말할 것이라고 한다. "조지 전도사를 시키세요! 그런 일은 바로 그 사람이 하는 일이잖아요!" 몇몇 평신도들은 단지 그들이 사역자이고 사역을 해야 한다는 생각만으로도 위협을 느낀다. 만일 그런 경우라면 그들에게 충분히 생각할 여유를 주는 것이 중요하다. 그들이 생각하고 받아들일 수 있는 시간을 주어야 한다.

당신은 움직이는 자들과 함께 움직여야 한다. 그러한 일들을 두려워하지 않는 사람들과 함께 일하라. 주변에 평신도 사역을 두려워하는 사람들이 있다면, 그들에게 의미 있는 평신도 사역이 진행되어 가는 과정을 볼 수 있도록 하라. 여러 차례 말로 설명하는 것보다 한 번 행동으로 보여 주는 것이 그들에게 두려움을 사라지도록 하는 데 도움이 될 것이다. 다시 말해 당신은 인내심을 가지고 당신과 힘을 합해 평신도 사역에 함께할 사람들을 찾아야 한다. 그러는 동안 평신도 사역을 두려워하던 사람들도 그들 자신이 사역자라는 사실을 좀더 안정감 있게 받아들이는 법을 배울 것이다.

평신도를 위한 대답 :

몇몇 사람들은 평신도 사역에 대해 아무런 두려움을 느끼지 않을 것이다. 하지만 몇몇 사람들은 평신도 사역을 두려워한다. 만약 당신이 이러한 부류에 속한다면, 당신의 목사에게 당신이 사역에 동참하는 것을 망설이고 있다는 사실을 밝혀야 한다. 어쩌면 당신은 과거 이와 비슷한 사역에 참여했다가 실패했던 경험이 있을 수도 있다. 아니면 이미 다른 사역에 참여했었지만 그 일이 오히려 당신에게 실망스럽고 힘든 경험만을 가져다 줬을 수도 있다. 과거의 기억 때문에 평신도 사역을 두렵거나 지겨운 것으로 생각할 수 있다.

당신의 상황이 어떻든지 이러한 일들을 시행해 보라고 격려하고 싶다.

목사와 개인적인 면담을 요청해서 이야기를 나누어 볼 수 있겠는가? 당신이 염려하고 있는 것들을 당신의 목사와 나누어 보라. 당신의 느낌을 나누어 보라. 이것이 당신에게는 대단히 어려운 일이 될 수도 있겠지만, 이 일을 다시 한 번 당신에게 권면하고 싶다. 당신의 목사에게 "당신이 나의 손을 잡고 모든 훈련 과정을 함께해 갔으면 좋겠다"고 비유적으로 말해 보라. 새롭게 사역을 시작하는 만큼 많은 도움이 필요하다고 당신의 목사에게 말해야 한다.

당신이 갖는 두려움은 지극히 자연스러운 것이다. 하지만 그 두려움이 사역을 방해하여 당신이 하나님께서 원하시는 사람이 되는 것을 막는 걸림돌이 되지 않게 해야 한다. 당신은 하나님 나라를 위해 특별한 사역을 할 수 있도록 독특한 은사를 받은 사람이다. 목사가 당신이 갖고 있는 은사를 발견하고 그것을 목회 사역에 활용할 수 있도록 당신 자신을 열어 보여야 한다. 실패하는 것은 잘못이 아니란 사실을 기억하라. 우리는 종종 실패를 통해 성공하는 법을 발견한다.

장애물 5 : 몇몇 평신도는 자신이 부적합하다고 느낀다.

목사의 대답 :

이것은 우리가 쉽게 이해해야 할 문제이다. 대부분의 평신도들은 평신도 사역을 위한 훈련을 받아 본 적이 없다. 당신의 지난 시절을 생각해 보라. 첫 번째로 설교하던 때를 기억하는가? 당신들 중 대부분은 적어도 몇 가지 훈련을 받은 상태였다. 그럼에도 여전히 두려워했다. 4년 동안 대학에서 교육을 받았고, 3년 동안 신학대학원에서 공부했다. 그런데도 첫 교회에서 처음 몇 주간은 정말로 끔찍했다. 왜 그랬을까? 그것은 새로운 경험이었기 때문이다.

많은 평신도들은 단순히 그들이 다양한 사역에 대해 훈련 받지 않았다는 사실 이외에도 두려움을 느낄 이유가 훨씬 많다. 그들은 어떠한 일을 부탁받아 왔지만, 그 일들을 맡아서 하는 데 거의 도움을 받지는 못했다. 그러나 모든 평신도가 자신이 부족하다고 느끼는 것만은 아니다. 몇몇 사람들은 자신감에 넘쳐 있을 수도 있다. 하지만 대부분의 많은 평신도들이 "저는 할 수 없어요. 저에겐 너무나 벅찬 일입니다"라고 말할 것이다. 그들이 말하려는 것은 "나는 훈련이 필요합니다. 그리고 당신의 도움이 필요합니다. 당신이 그것을 제공해 주시겠어요?"라는 사실을 알아야 한다.

목사들이 갖는 생각 가운데 위험한 것은 평신도들의 이야기를 오해해서 그들이 사역에 동참할 의사가 없다고 단정 짓는 것이다. 그것은 잘못된 판단이다. 그들이 사역을 할 수 없다고 이야기하는 것은 그들이 사역에서 감당해야 할 일들을 어떻게 해야 할지 방법을 모르기 때문이다.

이러한 말들은 그들 스스로를 부족하다고 느끼는 것이다. "나는 그저 평신도일 뿐이에요." 이러한 말은 자신에 대해 부족함을 느끼고 있다는 것과 철저하고 체계적인 훈련이 필요하다는 것을 알려주는 신호이다. 앞에서도 언급했듯이 감리교 운동의 성공은 하나님의 위대하신 일을 수행하기 위해 적절하게 동기부여 된 평범하고 순전한 평신도들에 의해 이루어진 것이다. 당신의 공동체에 있는 어떤 평신도든지, 그리스도의 몸에서 자신을 위해 준비된 자리를 찾지 못하는 사람은 없을 것이다.

평신도의 대답 :

평신도들이 사역을 하는 데 있어서 부족함을 느끼는 것은 아주 자연스러운 일이다. 우리는 무엇인가 새로운 것을 시작할 때면 그러한 느낌을 받게 된다. 폴 클라델(Paul Cladell)의 『비단 슬리퍼』(The Satin Slipper)라는 책에는 다음과 같은 문장이 나온다. "하나님은 삐뚤어진 선을 바르게 쓰신다" 클라델이 이 문장을 통해 말하려던 것은 하나님은 우리의 부족함과 상관없이 우리 모두를 사용하실 수 있다는 것이다. 하나님이 당신을 통해 일하실 때 당신은 매우 만족스럽게 느끼게 될 것이다. 당신이 부적합하다고 느끼는 것은 단지 하나님께 더 많은 기회를 드릴 뿐이다. 당신을 통해 더 아름답게 그리고 효과적으로 일하실 수 있는 기회를 말이다.

영향력 있는 평신도 사역자로 만드는 것은 달란트나 자신의 능력이 충분하다고 느끼는 자신감이 아니라, 그분이 당신을 통해 일하실 수 있도록 자신을 열어 드리는 것이다. 만일 당신이 특별한 사역에 동참하는 일로 고민하고 있다면 당신의 목사와 그것에 대해 이야기 나누기를 바란다. 사역에 참여하고 싶은 마음을 목사에게 알리고, 또한 부족함을 많이 느끼고 있다는 사실도 이야기하라. 목사가 당신을 이해하고 있다는 사실을 발견하게 될 것이다. 그리고 그는 당신을 도울 수 있다. 목사로서 우리는 자신이 전혀 부족하지 않다고 느끼는 평신도들을 찾는 것이 아니라, 사역을 위해 즐거운 마음으로 나설 사람을 찾는 것이다. 바로 당신이 그런 사람이라는 사실을 목사에게 알려야 한다. 능력과 자신감은 훈련 과정을 통해 얻게 될 것이다. 그리고 부족하다고 느끼는 마음도 사라질 것이다.

장애물 6: 몇몇 평신도들은 훈련이 필요하지 않다고 느낀다.

목사의 대답 :

우리 교회의 한 평신도에게 대학생선교회(CCC)에서 주관하는 '그리스도의 증거자를 위한 클리닉'에 가보라고 권면했던 일이 있다. 이분은 그리스도께 대단히 헌신적인 분이었음에도 불구하고 다른 사람들에게 예수 그리스도에 대한 자신의 믿음을 나누어 본 경험이 한 번도 없었다. 그런 상황에서 그는 내게 그리스도를 증거하는 부분에서 하나님의 도구로 쓰이길 원한다는 마음을 표현했다. 나는 증거자 클리닉이 그에게 많은 도움이 될 것이라 생각했다. 그래서 나와 함께 훈련에 참여하지 않겠느냐고 물었는데, 그는 내게 이렇게 대답했다. "거기서 가르치는 것 중에 내가 모르는 것이 있을까요?"

무엇이 그의 문제였을까? 나도 확신이 서지 않는다. 단순히 그가 모르는 사람들과 함께 다른 지역에 가서 훈련 받는다는 생각에 두려움을 느꼈을 수도 있다. 그러나 내 생각으로는 그의 지나친 자신감이 훈련에 참여하지 못하게 하는 원인이 되었던 것 같다. 그는 자신의 믿음을 어떻게 하면 효과적으로 다른 사람들과 나눌 수 있는지 잘 모르고 있었다. 그러면서도 그는 본질적으로 훈련이라는 것이 불필요하다고 보았던 것이다.

이러한 장애물이 다가올 때 우리는 목사로서 어떤 행동을 취할 수 있을까? 몇몇 상황에서는 평신도가 이러한 문제에 부딪히지 않고 바로 사역에 참여하도록 이끌어 주는 것이 가장 좋은 방법일 수도 있다. 한 사람의 의식하지 못하는 부분까지도 필요를 채운다는 것은 지극히 어려운 일이다. 교회의 평신도 가운데 평신도 사역에 대한 훈련을 받고 싶은 마음이나 관심이 있는 사람이 있다면, 곧바로 체계적인 훈련 프로그램에 대해 이야기하는 것이 좋다.

문제를 이러한 방법으로 처리하는 것이 위험할 수 있다. 때때로 어떤 훈련도 필요 없다고 거부하는 평신도와 마주치게 될 것이다. 그 상황에서 일을 처리하는 것은 쉽지 않다. 그러나 이것은 위험을 감수할 만한 상황이기도 하다. 물론 모든 평신도들이 자신감에 넘쳐서 훈련을 기쁘게 생각하지 않는다고 말하고 싶지는 않다. 단순히 몇몇 사람들이 훈련이 주는 가치를 몰랐던 것이다. 그들 역시 사역에 대한 훈련을 시작하게 되면 훈련에 흥미를 느끼기 시작할 것이다.

훈련이 필요 없는 것처럼 보이는 사람도 있다. 그들은 대단히 뛰어난 재능을 가진 사람으로 거의 모든 사역에 참여할 수 있으며, 또 좋은 결과를 남기기도 한다. 이러한 경우가 매우 드물기는 하지만 우리가 반드시 알아야 할 상황이긴 하다. 모든 평신도들이 훈련을 받고 싶어 하는 것은 아니지만, 많은 평신도가 체계적으로 훈련 받기를 원한다.

목사가 감당해야 할 일은 사람들에게 훈련을 받으라고 설득시키는 일이기보다 이미 사역에 대한 훈련을 필요로 하는 평신도에게 기회를 제공하는 일이라고 볼 수 있다. 만일 평신도가 사역에 대한 소명 의식을 가지고 있고, 사역을 위한 은사에 대해서도 알고 있다면, 그들의 도구를 날카롭게 하는 시간, 즉 훈련의 시간이 필요하다는 사실을 느끼게 될 것이다.

평신도의 대답 :

아마도 많은 사람이 이러한 장애물에 대해 의식하지 못할지도 모른다. 당신이 활동적인 평신도라면, 사역을 위해 가능한 한 제대로 준비할 수 있기를 원할 것이다. 하지만 몇몇 사람들은 이러한 생각에 반대할 수도 있다. 이런 생각은 목사가 당신을 돕는 일을 매우 힘들게 만든다. 당신은 이 사역에 대해 때로 목사보다 더 많은 것을 알고 있다고 느낄 수 있다. 당신의 이러한 생각이 가끔은 옳을 수도 있다. 그러나 당신의 목사가 그의 경험과 교회의 상황을 통해 배운 것으로 당신에게 많은 도움을 줄 수 있다는 사실을 알게 될 것이다.

당신이 훈련을 거부하는 또 다른 이유가 있을 수도 있다. 아놀드 컴(Arnold Come)은 걱정스러운 마음으로 다음과 같이 말하고 있다.

"사회학자들은 교회를 출석하는 교인 중 많은 사람이 자신들의 개인적인 필요(교회의 관리인 역할)에 대해 교회가 무엇을 해줄 수 있는지 관심을 두고 있다고 주장한다. 그리고 세상을 섬기기 위해 평신도를 훈련시키려고 열망하는 목사가, 훈련 프로그램을 구성한다면 그는 두 그룹의 신자들을 보게 될 것이라고 말한다. 첫째는 소수의 사람들로 그러한 프로그램에 대해 반응하는 사람들이며, 또 다른 하나는 대다수의 사람들로 '새로운' 교회의 존재 이유에 대한 해석에 심하게 반대하는 사람들이다."[6]

이 말을 쉽게 설명하면, 너무나도 많은 평신도들이 섬김을 받으려고만 하지 섬기는 사역자가 되는 것을 원치 않는다는 것이다. 이러한 생각은 평신도들이 하나님께서 그들의 삶에서 원하시는 일을 확실히 알기 전까지는 변화되지 않을 것이다. 목회자는 당신을 도울 수 있는 올바른 방법으로 당신을 돕기를 원한다는 사실을 알아주기 바란다.

평신도 훈련에 대해 이야기할 때 일방적인 훈련, 즉 목사는 계속 이야기하고 평신도는 계속 듣기만 하는 그런 식의 훈련을 말하는 것이 아니다. 우리는 같은 목적을 가지고 바르게 준비하여, 가능한 한 많은 열매를 맺을 수 있는 사역을 즐겁게 감당하기 위해 모인 헌신된 사람들의 공동체를 원한다. 목사가 당신에게 훈련이 중요하다고 강조하는 이유는, 당신이 하나님으로부터 충분한 은사를 받았고, 당신이 그러한 은사를 도구로 사용함으로써 영적 만족감을 누리게 되기를 원하기 때문이다.

적절한 사역 찾기

우리는 많은 시간을 들여 평신도 사역의 장애물들에 대해 살펴보았다. 하지만 우리가 이러한 장애물들을 극복했을 때 그 다음 단계로 할 수 있는 일은 무엇일까? 어떻게 하면 각각의 평신도들이 그들에게 알맞고 적합한 사역을 선택할 수 있도록 도울 수 있을까? 어떻게 하면 은사를 가장 잘 활용할 수 있는 특별한 사역을 선택할 것인가? 어떤 사람은 훈련을 받기 전에 먼저 그의 사역을 선택해야 한다고 주장한다. 한 사람이 자신의 은사를 최대한 활용할 수 있는 사역을 발견하기 전에 먼저 여러 가지 사역에 참여하는 것은 일반적인 현상이다. 그리고 사람들이 자신이 가장 잘 적응할 수 있는 사역을 찾는 과정에서 종종 실패를 경험할 수 있다는 것 또한 분명한 사실이다. 사역의 선택 과정을 시작하는 한 가지 간단한 방법은 노트에 당신의 은사를 사용하여 할 수 있는 사역을 생각나는 대로 모두 기록해 보는 것이다. 아래의 표를 보라.

나의 은사	가르치는 일
나의 은사를 활용할 수 있는 사역	1. 주일학교 교사 2. 집에서 하는 성경공부 교사 3. 청소년 캠프 4. 방학 동안의 성경 학교

당신이 자신의 사역을 발견할 수 있도록 돕기 위해 나는 팀 블란차드(Tim Blanchard)의 『은사를 찾는 실제적인 안내서』(A Practical Guide to Finding Your Spiritual Gifts)[7]라는 책을 추천하고 싶다. 이 책에서 팀은 성경에 나오는 많은 은사를 소개하면서, 후반부에 각각의 은사들로 할 수 있는 여러 가지 사역도 함께 기록해 놓았다(부록 A를 참고). 평신도들이 은사를 활용할 수 있는 사역을 모두 기록하는 것은 불가능하다. 필요한 경우에 당신의 목사와 상의해 보는 것도 좋다. 목사는 하나님께서 당신에게 주신 은사에 가장 적합한 사역을 찾는 데 도움을 줄 수 있다. 또 다른 방법으로 당신에게 적절한 사역을 찾을 수도 있다. 이 방법은 역으로 시행하는 것이다. 당신이 교회에서 참여할 수 있는 모든 사역의 목록을 만들어 보라.

사 역
1. 주일학교 교장
2. 주일학교 회계
3. 주일학교 서기
4. 교회위원회 위원
5. 안내위원
6. 영접위원
7. 어린이 돌보는 사람
8. 성경공부 인도자
9. 성경공부를 주관하여 돕는 자

위에 기록된 목록들을 보면서 그 사역에 필요한 은사들을 기록해 보라. 아니면 사역의 목록에 당신의 은사와 그 은사들을 활용할 수 있는 사역들을 기록해 보라. 이것은 목록을 하나씩 지워가면서 당신의 사역을 찾는 방법으로, 때로 좋은 결과를 가져오기도 한다. 당신의 판단에 은사를 가장 잘 활용할 수 있을 것이라고 생각되는 사역을 다 선택했다면, 그 다음엔 교회에서 그 사역을 담당하고 있는 사람을 찾아가야 한다. 때로는 담당자가 바로 당신의 목사일 수도 있을 것이다. 그에게 상담을 요청하라. 당신의 은사가 당신이 선택한 목록에 있는 사역들을 수행하는 데 적합한지 또는 부족한 부분은 없는지 서로의 의견을 나누도록 하라.

> **'나의 자리를 찾는 법'(Finding My Place)**
>
> 수년 전 나는 '나의 자리를 찾는 법'이라는 세미나를 개최했던 교회에서 부목사로 사역했다. 이 세미나의 목적은 평신도들을 돕는 것이었다. 그것은 1)사역에 대한 그들의 부르심을 이해시키고, 2)사역을 위한 자신들의 은사를 알게 하며, 3)참여할 수 있는 사역과 친근해지도록 돕고, 4)사역에 참여할 수 있도록 시간을 잘 관리하는 방법을 가르치며, 5)교회 안에서 이루어지는 많은 사역의 담당자를 알려 주고, 6)최소한의 사역에 참여하게 하여 그들이 자신의 은사를 활용하는 경험을 느낄 수 있도록 해 주는 것이다.

평신도 훈련의 단계들

평신도 훈련 프로그램을 구성하는 기본적인 내용에는 어떤 것이 있는가? 다음에 소개하는 것은 평신도들이 사역에 참여할 수 있도록 훈련시켜야 할 목록이다. 완벽하다고 할 수는 없지만, 대단히 유용한 것들이다.

(1) 사역에 대한 부르심을 강조한다.

(2) 평신도들을 동일한 은사대로, 혹은 사역을 위한 은사대로

나누도록 돕는다.

(3) 창조적인 방법으로 평신도가 은사를 가장 잘 활용할 수 있는 사역을 찾을 수 있도록 돕는다.

(4) 평신도들이 주제와 부합하는 글이나 서적들을 충분히 활용할 수 있도록 그것에 노출시킨다. 예를 들어 몇몇 사람이 전도하는 일에 은사가 있다면 그들은 자신들이 읽어야 할 좋은 책들이 있다는 사실을 알아야 한다. 다른 사람을 도와주는 은사가 있는 사람이 있다면 바바라 쿤(Barbara Kuhn)의 평신도에 대한 책 『총체적인 평신도 사역의 목록』(The Whole Lay Ministry Catalog, New York: Seabury Press, 1979) 제3장을 보여 줄 수도 있다. 소명에 대한 교리를 강하게 지지하고 있는 책 중에 도움이 되는 것들이 여러 개 있다. 그 중 가장 탁월한 저서 가운데 하나는 엘턴 트루블러드의 『당신의 또 다른 소명』(Your Other Vocation, New York: Harper and Brothers, 1952)이다. 특별히 사업가들에게 흥미로운 또 다른 책은 올리 헤론(Orley Heron)의 『세상에서의 기독교 경영가』(A Christian Executive in a Secular World, Nashville: Thomas Nelson Publishers, 1979)이다. 이 책에는 평신도들의 훈련 과정을 돕기 위한 많은 글들이 실려 있다.(이 책 '리더의 지침' 부록을 보면 사역의 아이템에 대한 보다 완벽한 목록이 제시되고 있다.)

(5) 할 수만 있다면 새로운 평신도 사역자들이 같은 사역에서 많은 경험을 가지고 있는 선배 평신도의 제자 역할을 수행하도록 한

다. 때때로 적절한 도움과 지도를 받지 못한 평신도들이 비어 있는 사역 자리를 채워야 하는 상황을 맞이할 수도 있다. 이럴 경우 경험이 많은 평신도 사역자가 경험이 부족한 어린 사역자를 옆에서 도우며 함께 사역을 할 수 있다면 보다 많은 열매를 거두게 될 것이다. 다시 말해 평신도 사역자에게는 시범을 보이는 것과 적절한 관리가 필요하다.

개척자 프랜시스 에즈베리(Francis Asbury) 감독은 미국 개척 시대 감리교가 시작되었을 때 오천여 명의 평신도 사역자를 훈련시켰다고 한다. 때때로 그는 사람들에게 어떻게 평신도 사역자들을 훈련시켰냐는 질문을 받곤 했다. 그러면 그는 "나는 그들에게 길을 보여 주었습니다"라고 대답했다. 그는 정말로 평신도들에게 그들이 가야 할 길을 보여 줬던 것이다. 실제 그는 말을 타고 개척지의 이쪽과 저쪽으로 아주 많은 거리를 여행하곤 했다.[8]

(6) 도움을 주는 모임이나 사역의 모듈을 만든다. 여기서 '모듈'이란 말은 데이비드 메인(David Main)의 『완벽한 원』(Full Circle)[9]이란 책에서 빌려온 단어이다. 모듈은 단순히 비슷한 사역에 관심을 가진 사람들의 모임을 말한다. 사람들을 훈련하는 데 사용하는 기술에는 두 가지가 있다. 하나는 내가 '잠시 함께 타는 버스 이론'(Transient Bus Theory)이라고 부르는 이론이다. 이 이론에 따르면 임의의 사람들이 서로의 옆에 앉아 짧은 시간 동안 같은 방향으로 가게 되는 일이 생

긴다. 그들은 계속해서 서로 전혀 모르는 사람으로 남게 된다. 두 번째 이론은 내가 '가족 이론'(Family Theory)이라고 부르는 이론이다. 이 이론은 서로를 가까운 혈연관계로 의식하게 함으로 사람들을 훈련시키기가 더 용이하다. '잠시 함께 타는 버스' 이론에서 사람들이 갖고 있는 공통점이란, 그들이 같은 방향으로 아주 잠시 동안 가고 있다는 한 가지 사실밖에 없다. 그러나 '가족 이론'에서는 서로 마주 볼 수 있도록 사람들을 원형으로 배치시켜 서로와 교통할 수 있게 한다. (위의 이론들은 피체트(W. H. Fitchett)의 「웨슬리와 그의 시대」(Wesley and His Century)에서 인용한 것이다.)[10]

우리가 평신도 사역을 위하여 평신도들을 훈련시킴으로써 그들이 커다란 조직에 일부분이라는 사실을 인식할 수 있도록 돕는 것은 매우 중요하다. 평신도들은 자신들보다 더 크고, 더 오래 지속되며, 앞으로도 계속해서 성장해 나갈 운동의 한 부분에서 일하고 있다는 사실을 알아야 한다. 그들은 자신의 은사를 사용하여 사역에 함께 동참하려는 사람들을 대면해야 한다. 그리고 사역의 기쁨과 사역을 하면서 받은 상처들을 나누는 것에 대해서도 배워야 한다. 그러나 일반적으로는 '잠시 함께 타는 버스' 이론이 더 쉽다. 이 방법은 교실 안에 모인 사람들이 훈련시키는 사람을 바라보게 된다. 여기서 중요한 것은 학생들이 아니라 어떠한 내용을 목표로 가르치느냐 하는 것이다. 하지만 이러한 방법은 대개 장기적인 결과를 가져오지 못한다.

훈련된 평신도들과 훈련하는 사람의 돈독한 인간관계는 우리가 하고 있는 평신도 사역 훈련의 성공에 직접적인 영향을 끼치며 사역의 승패를 판가름한다. 영국의 감리교가 빠르게 성장했던 것은 소그룹 모임을 통해 사람들이 직접적인 관계를 맺은 것 때문으로 알려져 있다. 이러한 개념은 18세기에 살았던 존 웨슬리에게나, 21세기에 살고 있는 우리에게나 필수적인 개념이다.

(7) 책임에 대해 확실한 선을 그어 주어야 한다. 준비시키는 자에게는 평신도의 사역을 평가할 수 있는 방법들이 필요하다. 만약 우리가 성공적으로 사역하고 있는 평신도들을 격려하고 싶다면, 그들의 사역을 평가할 수 있는 양식이 필요하다. 수년 전 나는 '성공적인 사역 기록 카드'를 작성하여 매주 평신도 사역자에게 제출하도록 한 일이 있다. 그 카드에는 평신도 사역자들이 한 주 동안 가정을 방문하거나 전화 연락을 했던 횟수가 표시되어 있다. 또한 병원이나 복지기관 방문 등 평신도 사역자가 담당했던 여러 일들을 기록하게 했다. 그 기록 카드에는 그들이 겪고 있는 어려움을 기록할 공간도 있었다. 이것을 기록하게 한 목적은 평신도 사역자들이 자신의 목표를 달성하지 못할 때 죄책감을 느끼게 하려는 것이 아니라, 그 사람의 전체적인 사역의 성취도를 평가하는 도구로 쓰려는 것이었다. 사역 기록 카드는 단지 준비시키는 자와 준비하는 자 사이의 책임의 경계선을 만들어 가는 여러 방법 중 하나일 뿐이다.

```
┌─────────────────────────────────────────────────┐
│              평신도 목회 사역 양식                │
│                              No. _____    │
│   사역명 _____    구역 _____    │
│   마치는 주 _____    주간 No. _____    │
│   목표 : "2/6"   YES □ NO □ (동그라미 치시오.)    │
│                                                 │
│   가정 방문      전화 연락      병원 방문이나 일대일 만남│
│   1. _____    1. _____    1. _____       │
│   2. _____    2. _____    2. _____       │
│   _____    3. _____    3. _____        │
│   _____    4. _____    4. _____        │
│   _____    5. _____                      │
│                 6. _____                      │
│                                                 │
│   사역자에게 알리는 목양적 정보 :   다른 평신도 사역 :│
│   매주 주일 오전까지 제출.                        │
└─────────────────────────────────────────────────┘
```

훈련에 대한 이러한 압력이 목표를 흐리게 할 수도 있다. 평신도인 당신에게 이러한 일이 일어나지 않게 하라. 당신은 곧 행동할 수 있도록 준비되고 있다. 에베소서 4장을 기억하라. 평신도 사역의 목적은 하나님께서 우리를 사랑하시는 만큼 우리도 하나님을 사랑하기 위해 일하는 것이다. 그것이 나의 기도이며, 당신의 기도임을 나는 알고 있다.

| 토의 문제 |

1. 평신도 사역이 목사를 반대하는 운동이라 생각하는 사람에게 당신은 무엇이라고 대답할 것인가?

2. 적절한 평신도 훈련을 위해 필요한 다섯 가지 기본 단계는 무엇인가?

3. 이 장의 세 번째 부분, 즉 평신도 사역 훈련의 장애물을 극복하는 방법에 대해 이야기할 때 당신의 교실에서 평신도 역할과 목사 역할을 할 두 사람을 선택하라. 그 두 사람에게 이 부분에 나와 있는 여섯 개의 장애물에 대한 대답을 정리하여 모임 앞에서 발표하게 하라.

4. '잠시 함께 타는 버스 이론'과 '가족 이론'이 어떻게 다른지 설명하라.

5. 왜 모듈(modules)이 평신도 사역 훈련에서 중요한지 설명하라.

6. 평가할 수 있는 양식을 통해 책임의 선을 긋는 것이 평신도 사역 훈련에서 어떠한 역할을 하는지 설명하라.

5장 사역을 위한 훈련

"몸이 하나요 성령도 한 분이시니 이와 같이 너희가 부르심의 한 소망 안에서 부르심을 받았느니라"(엡 4:4)

06 사역으로 파송함
Sent into Ministry

사역은 고립되어서는 생겨날 수 없다. 사역은 우리 모두가 그리스도의 몸인 교회의 한 부분으로서, 형제자매들과 함께 세상에 대한 임무를 수행하기 위해 모일 때 일어난다. 우리는 혼자서 사역하는 것이 아니다. 우리는 우리보다 더 큰 살아계신 예수 그리스도의 영원한 교회의 지체가 되어 사역하는 것이다. 우리가 하나님의 사람으로서 사역에 쓰임을 받는다면, 그것은 교회를 구성하는 모든 이들의 응원을 받으며 사역으로 나가는 것이다. 교회의 다른 멤버들이 하는 사역도 교회의 머리 되신 예수 그리스도의 이름으로 이루어지기 때문에 우리의 사역과 긴밀히 연관되어 있다. 그러므로 우리가 훈련을 다 마치게 되면 주 안에 형제자매의 축복과 인정을 받을 준비가 된 것이다. 즉 사역을 위해 보냄 받을 준비가 되었다.

── 세상으로 보내심

우리를 사역으로 보내야 한다는 것은 놀라운 일이 아니다. 사역의 모델이신 예수 그리스도 또한 사역으로 보내심을 받았다. 요한복음 17장에 나오는 주님의 기도를 보면, 예수께서는 하나님 아버지로부터 세상에 보내심을 받았다고 말씀하신다. 그와 동일한 방법으로 예수께서도 그의 제자들을 사역으로 파송하신다. "아버지께서 나를 세상에 보내신 것 같이 나도 그들을 세상에 보내었고"(요 17:18). 다른 곳에는 예수께서 제자들에게 이렇게 말씀하시는 내용이 나온다. "예수께서 또 이르시되 너희에게 평강이 있을지어다 아버지께서 나를 보내신 것 같이 나도 너희를 보내노라"(요 20:21).

초대 교회는 성장과 함께 특정한 사람들을 파송하는 일을 했다. 예를 들어 바나바는 예루살렘 교회에서 파송한 사람이었다. "주의 손이 그들과 함께 하시매 수많은 사람들이 믿고 주께 돌아오더라 예루살렘 교회가 이 사람들의 소문을 듣고 바나바를 안디옥까지 보내니"(행 11:21-22). 바울과 바나바는 안디옥 교회에서 보냄을 받았다. "주를 섬겨 금식할 때에 성령이 이르시되 내가 불러 시키는 일을 위하여 바나바와 사울을 따로 세우라 하시니 이에 금식하며 기도하고 두 사람에게 안수하여 보내니라"(행 13:2-3).

바나바와 바울, 그리고 여러 사람이 초대 교회 시대에 다른 지역으로 파송된 것 같이 당신과 나도 그들과 같이 파송되어야 한다. 우리는 사역을 위해 교회로부터 보냄 받은 자들이다. 믿는 이로서 우리는 사역을 그리스도의 사역의 빛 가운데서 받아들여야 한다. 우리와 마찬가지로 예수께서도 아버지로부터 세상에 보내심 받아 사람들을 위한 특별한 임무를 수행하셨다. 그러므로 우리도 그리스도인으로서 주어진 사역을 수행하도록 그리스도께 보내심 받은 것으로 이해해야 한다. 사역으로 보내심을 받는다는 것은 부르심을 받고, 은사를 받고, 훈련되어, 평신도로서 신성한 임무를 수행하는 것을 의미한다. 우리는 특별한 임무를 맡았다. 뿐만 아니라 우리는 임무를 수행하는 가운데 우리를 세상에 보낸 단체의 대표자로 활동하게 된다. 그것은 바로 교회와 예수 그리스도, 그리고 하나님 나라를 대표하는 것이다.

부르심을 받은 것과 보냄을 받는 것에는 차이가 있다. 찰스 레이크(Charles Lake)는 다음과 같이 조심스럽게 말한다.

하나님의 부르심을 받는 것(called)과 하나님으로부터 보내심(sent)을 받는 것은 성령의 두 가지 전혀 다른 작용이다. '부르심'

이란 단어는 신약성경에서 계속해서 사용되었는데, 이는 그리스어로 '자기나 다른 이에게 나아오게 하다' 라는 뜻을 가지고 있다. 이것은 기본적으로 세 가지 방식으로 사용되고 있다. 즉 구원으로의 부르심, 제자로의 부르심, 섬김으로의 부르심이다. '보내심' 이란 단어 역시 그리스어에서 기원한다. 이는 '어떤 한 사람으로부터 자격을 갖추고 보내어짐, 그를 대표하는 사람으로서의 임무를 가지고 수행하다'(Wuest)라는 의미를 가지고 있다.

성경적으로 하나님의 부르심은 우리가 어떤 곳으로 가는 것이 아니라 하나님의 은혜로 어떤 사람이 되는 것을 말한다. 우리의 방향이 지리학적인 위치로 정해지는 것은 그의 보내심 안에서이다…그분께서 우리를 부르시는 것은 우리를 다른 사람들에게 보내시기 위해서일지도 모른다. 이것이 바로 건강한 성경적 원칙이다.[1]

우리는 믿는 자로서 하나님께서 정하시는 방법으로 세상을 되찾기 위해 세상으로 보내심을 받았다. 그리스도인인 당신이 기억해야 할 것이 있다. 당신은 당신 자신을 위해 존재하는 것이 아니라 당신이 보냄 받은 세상을 위해 존재하는 것이다. 그것이 바로 라오스, 즉 하나님의 사람들의 본질이다.

크레이머(Kraemer)는 "평신도 신학의 정확한 이해는 '하나님이 세상을 걱정하고 계신다' 라는 사실을 깨달음에서 시작된다"[2]고 말했다. 아마 한스루디 위버(Hans-Ruedi Weber)가 모든 그리스도인은 두 가지 전환이 필요하다고 했을 때, 어느 누구도 이보다 그 말을 더 잘 설명하지는 못했을 것이다. 그는 첫째, 우리가 세상으로부터 그리스도께로 전환이 필요하다고 했다. 그리고 두 번째, 우리는 그리스도로부터 세상으로의 전환이 필요하다고 했다.[3] 변화된 이후에 교회의 세계에 너무 몰두하다 보면 우리는 종종 바깥세상에 대해 쉽게 잊어버리는 자신을 보게 될 것이다. 오늘날 교회를 가장 위협하는 요소를 말하라면 아마도 교회가 안으로만 성장하려는 모습을 지적할 수 있을 것이다. 우리 자신과 우리의 필요에만 집착해서 부르심의 존재와 목적을 잊어버리게 된 것이다.

평신도로서 당신은 목사들보다도 분명한 장점을 가지고 있다. 그것은 그리스도인 평신도로서 세상의 많은 자리 가운데 목사들에게는 거부되는 자리에 들어갈 수 있다는 것이다. 다시 말해 세상에 소수의 목사들만이 접촉할 수 있는 일을 당신은 힘들이지 않고도 할 수 있다. 그 이유는 아마 당신도 알 것이다. 당신은 당신의 친구들에게 함께 고민하는 자로 받아들여진다. 그러나 목사들은 종종 절반은 성자(聖者)가 된 사람으로, 아니면 최소한 반석 같은 믿음 위에 서 있는 사람으로 받아들여진다. 목사들은 고상하며 자신들과는 격리된 그룹으로 간주된다. 하지만 당신은 평신도 사역자이므로 이러한 장애물을 넘어야 할 필요가 없다.[4]

평신도 사역은 단순히 개개인이 사역에 포함된 것보다 더 큰 무언가의 한 부분으로 보일 때 가장 효과적이다. 사도 바울이 이것을 잘 표현했다. 그는 우리가 몸의 한 부분이라고 말했다. 우리는 그 몸의 세포로서 기능한다. 평신도 사역은 교회를 몸의 한 부분으로 보는 성경적 관점에 기초하고 있다. 평신도 사역을 지지하는 단체가 각각 평신도 사역자 옆에 자리를 잡고 있다면 사역은 더욱 성공적일 것이다. 보내는 그룹의 존재 목적은 평신도 사역자를 보내는 것뿐만 아니라 그들을 격려하는 것도 포함된다. 어떻게 그 단체가 조직되고 작용하는지는 그 단체가 작용하고 존재한다는 사실보다 중요하지 않다.

지원 그룹은 여러 가지 방법으로 형성할 수 있다. 한 가지 좋은 방법은 10~12명의 동일한 은사를 가진 사람들을 모으는 것이다. 그들은 함께 만나 시간을 보내며 그들의 은사를 어떻게 하면 잘 활용할 수 있을지 연구할 수 있다. 그들은 다른 사역을 하게 되겠지만, 한 가지 분명하고 동일한 목표를 가지고 있다. 그것은 그리스도로 말미암아 시작된 목적을 신속하게 이루기 위해 그들의 은사를 최대한으로 사용하는 것이다. 지원 단체를 형성하는 또 하나의 방법은 동일한 사역을 하고 있는 사람들을 모으는 것이다. 예를 들어 주일학교 교사들은 교회에서 아주 중요한 역할을 하고 있다. 하지만 주일학교 교사들은 단지 자신을 사역하는 사람들 중에서 자신에게 주어진 역할을 하는 한 사람으로 생각하기가 쉽다. 만일 교사들의 모임에 많은 시간을 투자해서 그들이 다른 교사들과 사역을 나누는 시간을 갖고, 서로에게 믿음을 더해주며, 하는 일에 용기를 북돋아 준다면, 주일학교 교사들이 얼마나 더 효과적으로 일할 수 있겠는가?

우리 교회의 평신도 사역자들은 최소한 한 달에 한 번 모임을 갖고 자신의 사역을 평가하는 시간을 갖는다. 그들은 자신들이 가지고 있는 어떠한 어려운 일도 함께 나눈다. 서로의 염려를 나누는 것이다. 그 달에 있었던 평신도 사역의 기쁨과 즐거웠던 경험들을 나누며 함께 웃기도 한다. 그리고 그들은 평신도 사역의 특정 부분에 대해 염려를 함께 나누고 울며 기도하는 시간을 갖기도 한다. 이처럼 함께 모임을 갖는 목적은 평신도 사역자인 자신들이 더 큰 부분에 속한 사람들이라는 사실을 이해하도록 하기 위해서다. 그들은 단순하게 개인 자격의 평신도 사역자가 아니다. 그들은 하나의 생명력 있는 팀의 일원으로 교회를 섬기는 것이다. 만일 사람들이 심한 고립을 경험하지 않는다면, 이러한 모임이 평신도 사역에서 생길 수 있는 많은 마찰을 줄일 수 있다. 목사인 우리는 종종 모여서 우리가 걱정하는 것들에 대해 이야기를 나눈다. 그 시간은 언제나 목사들에게 많은 용기를 준다. 왜 우리가 이것을 평신도 사역자들에게도 기대할 수 없겠는가?

우선순위 정하기

목사들은 평신도들을 사역으로 보내기 전에 그들이 우선순위를 결정하는 일을 도와야 한다. 우리는 그리스도인으로서 불균형한 삶을 살고, 그러면서 또한 그것을 인식하지 못하고 살아가기가 쉽다. 우선순위의 빛 가운데 우리의 삶을 평가하고 우선순위를 세워나가는 것이 우리의 삶을 균형 있게 만드는 방법이다. 개인의 영적인 생활을 넘어서 사역하는 평신도가 세워야 할 첫 번째 우선순위는 가족이 되어야 한다. 우리 목사들 또한 가족이 최우선이라고 믿고 있다. 비극적인 일은 그렇게 믿고 있는 사람들 중에 아주 극소수의 사람들만이 그들의 믿음대로 행동하고 있다는 것이다. 우리는 목사들이 공동체에 자신의 모든 것을 바침으로 가족들에게는 소홀하게 된 경우를 흔히 보아왔다. 목사들은 모두 이 부분에 대해 매우 취약하다. 목사들은 자신의 목회 사역을 사랑하고 공동체를 돌보는 것을 매우 즐거워한다. 그들은 교인들의 필요를 느끼고, 그들의 필요를 채워주기 위해 사역에 모든 에너지를 쏟아 넣는다. 이런 과정에서 그들은 그들의 첫 번째 공동체가 가족이라는 사실을 잊어버리게 된다. 그 공동체는 배우자와 함께 시작해서 자녀로 확장된다. 사역에 임하고 있는 평신도들은 목사들도 자신들과 마찬가지로 연약한 존재라는 것을 이해할 필요가 있다.

몇몇 평신도 사역자들은 미혼이다. 그래서 우리는 그들이 우리보다 가족에 대한 의무가 무겁지 않을 것이라고 생각한다. 그러나 그것은 단지 부분적으로만 옳은 생각이다. 분명 몇몇의 미혼자들은 가족에 대한 책임에서 보다 자유롭기 때문에 사역에 더 많은 시간을 투자할 수 있을지도 모른다. 이미 결혼을 한 우리는 그들에게 배우자와 아이가 없다는 이유로 그들에게 있는 다른 형태의 가족 관계까지 잊어버리게 되는 경우가 있다. 그래서 그들을 가족이 없는 사람처럼 생각해 버린다. 그러나 그들도 그들 나름의 가족에 포함되어 있다. 미혼자들에게도 그들의 건강한 생활을 위해 가족 관계를 발전시키는 것이 중요하다는 점을 기억해야 한다. 나는 미혼인 사람에게 사역에 참여할 것을 권할 때면, 언제나 그들이 가족의 일원임을 상기시키고 그 역할을 하는 관계의 발전을 위해 얼마나 많은 시간을 할애하는지를 물어본다.

두 번째 우선순위는 직업, 더 확실히 하자면 소명이다. 소명은 단순히 사람이 직업을 통해 하나님을 섬기는 것을 말한다. 사람이 직업을 갖는 것은 식탁 위의 음식을 위해 또는 생계를 꾸려나갈 돈을 벌기 위해서만이 아니다. 그것은 오히려 하나님을 찬양하는 기회가 된다. 이러한 직업에 대한 이해는 직업을 우리 삶의 우선순위 윗부분을 차지하게 할 것이다. 평신도는 절대 교회 사역과 그들의 직업적 소명 사이에서 갈등을 느껴서는 안 된다.

다른 우선순위로는 재충전이나 휴식이 있다. 우리 모두는 휴식을 취할 시간이 필요하다. 휴식을 취하는 방법은 여러 가지가 있는데 어떤 사람은 취미 활동으로 휴식을 취할 수도 있고, 어떤 사람은 운동으로 그렇게 할 수도 있다. 다른 사람들에게는 독서가 휴식을 갖게 할 수 있으며, 경우에 따라 낮잠을 잘 수도 있다. 어떠한 경우든 우리는 정신적·육체적 휴식 시간이 필요하다. 육체적·정신적 건강의 중요성을 잘 아는 사람들이 영적으로 건강한 사람이다.

또 다른 우선순위는 교회 사역에 참여하는 것이다. 목사로서 나는 가정이 올바르게 서고, 직업적 소명이 분명하며, 육체적·정신적 건강을 위해 자신을 돌볼 줄 아는 사람들을 목회 사역에 참여하도록 훈련시키는 일이 매우 즐거운 일이라는 사실을 발견했다. 그리고 목사가 그들의 삶의 다른 영역들에 많은 신경을 쓰고 있다고 느낄 때, 그들은 그들 자신을 사역으로 초청하는 것에 보다 긍정적으로 반응한다는 사실도 알게 되었다. 그들은 내가 교회의 새로운 일꾼 삼는 일에만 초점을 맞추고, 그들의 삶의 다른 의무들에 관해서는 아무런 관심도 없다고 생각하기가 쉽다. 그러나 교회에서 하는 일만이 그들의 삶에서 가장 중요한 것이 아니라는 것을 그들에게 확인시키면 그들은 곧 마음을 연다는 사실을 발견했다. 그들은 내가 절대 교회 사역으로 자신들의 삶의 우선순위를 망가뜨리지 않을 것을 믿는 것이다.

목사들이 몇몇 사람들에게 사역에 동참할 것을 요청했을 때 그들이 요청을 거절하는 이유를 이해하는 것이 매우 중요하다. 일반적으로 사람들은 우리가 받아들이기 힘든 이유로 사역을 거절한다. 하지만 과거에 너무 많은 사역에 시달렸기 때문에 우리도 충분히 이해할 수 있는 이유로 거절하는 사람들도 있다. 몇몇은 그들이 가지고 있지도 않은 은사를 요구하거나 자신과 맞지 않는 사역에 참여했을 수도 있다. 그들은 좌절감으로 인해 사역을 그만 두었을지도 모른다. 만일 그들이 받은 은사에 따라 그들에게 적합한 사역에 참여했다면 얼마나 많은 열매를 거두었을까? 그러나 평신도가 사역을 거절하는 주된 이유는, 예전에 자신에게 맞는 사역을 받아들이고 난 뒤에 다시 자신에게 맞지 않은 사역을 거절하지 못했기 때문이다. 결과적으로 그들은 많은 짐을 지게 되었다. 그들의 큰 좌절감은 가정에 충실하지 못하는 결과를 낳았고, 그들은 자신과 같이 탈진된 사람들의 반열에 동참하게 되었다. 하지만 이러한 좌절감은 그들이 삶의 우선순위를 바르게 세우는 방법을 먼저 배우게 된다면 충분히 예방할 수 있는 문제이다.

탈진을 막는 방법

그렇다면 우리는 어떻게 탈진(burnout)을 막을 수 있을까? 목사인 우리가 몇 가지 방법을 사용하면 평신도들이 사역에서 탈진하는 상황을 예방할 수 있을 것이다.

(1) 평신도 사역 스케줄에 안식년을 포함시킨다. 안식년은 일하는 사람이 일곱 번째 해를 맞이할 경우 그를 그 일에서 쉬게 하는 시간을 말한다. 하지만 이것이 평신도 사역자가 매 일곱 번째 해를 쉰다는 것을 뜻하지는 않는다. 그렇게 한다면 그것은 우리에게 너무도 버거운 일이 될 것이다. 내가 말하려는 것은 쉼과 휴식이 있는 시간표를 짜라는 것이다. 평신도 사역자들도 목사가 휴가를 갖는 것과 같이 동일하게 쉴 기회를 가질 수 있음을 알게 하라.

수년 전 평신도 사역자들을 훈련시키면서 '22/2' 계획이라는 것을 실시했다. 그것은 22개월 동안 사역에 매진하고 2개월 동안 쉬는 것을 의미한다. 그러나 한 번도 쉬지 않고 22개월을 사역하기엔 그 기간이 너무 길다는 사실을 발견했다. 그래서 나는 '11/1' 계획으로 바꾸었다. 11개월 동안 일하고 한 달 동안 쉬는 것이다. 솔직히 말해 '22/2' 계획이 '11/1' 계획보다 더 멋지게 들릴지도 모른다. 하지만 평신도 사역자들에게는 2년에 한 번 휴식을 갖는 것보다 더 많은 휴식의 시간이 필요하다는 사실을 발견했다.

(2) 평신도 사역마다 월별 평가 모임을 갖고 그동안의 사역의 열매를 점검하는 시간을 계획한다. 자신들의 사역에 대해 어떠한 생각을 가지고 있는지를 알아보라. 평신도 사역자에게 갑자기 나타날

수 있는 무기력감은 목사들이 규칙적으로 그들을 만나 상태를 늘 점검함으로써 예방할 수 있다. 몇몇 사역들은 쉬는 날과 일을 끝마치는 날을 정해둘 필요가 있다. 그들에게 사역에 주어진 과업의 마치는 날을 미리 알려줌으로써 그들이 살아 있는 동안 그 자리에서 벗어나지 못할 거라는 생각을 없애 준다면, 더 빨리 그리고 더 많이 사역에 지원하게 될 것이다. 한 자매가 나에게 이런 말을 했다. "전 그 자리에 자원하기가 두려워요. 정말로 사역에 헌신하고 싶지만 그 일을 다음 세기가 될 때까지 하고 싶은 마음은 없어요. 제 경험상 깨달은 건데 사역에 자원하면 절대 그 일에서 벗어날 수가 없어요." 많은 경우 평신도들에게 사역의 자리를 제공할 때는 사역의 마치는 날을 알려주어야 한다.

(3) 평신도 사역자의 가족들에게 사역의 중요성을 강조하라.

(4) 직업적인 사역에 대해 강조하라. 당신의 평신도들에게 그들의 직업에 대한 의무가 얼마나 중요한지를 알려주어야 한다. 우리가 목사로서 이를 위해 할 수 있는 일은 그들의 일하는 곳을 찾아가는 것이다. 이것은 분명히 늘 할 수 있는 일은 아니지만, 많은 평신도들은 목사들이 자신의 근무지에 찾아오는 것을 매우 즐거워한다는 사실을 기억하라.

(5) 개인적인 휴식과 안정의 중요성을 강조하라.

(6) 개인의 은사에 따라 그들을 사역에 세우는 것이 중요함을

강조하라. 이것은 많은 스트레스를 줄이게 될 것이다.

　　(7) 평신도들에게 언제 어떻게 거절하는지를 가르치라. 일부 평신도들은 당신이 거절하는 방법을 가르친다고 하면 매우 충격을 받을 것이다. 하지만 목사가 넘쳐나는 일로부터 그들을 보호하는 일에 관심이 있다는 사실을 알게 된다면 매우 기뻐하게 될 것이다.

　　(8) 필요가 부르심을 만들어내는 것은 아니란 사실을 그들에게 이해시키라. 이것은 이미 위에서 언급한 주제들과 밀접한 관련이 있다. 모든 사역의 열린 문에 평신도가 부르심을 받는 것은 아니다.

　　(9) 평신도들이 성실한 확신(이것은 적합하지 않은 사역에 참여할 때 생긴다.)과 잘못된 죄책감(이것은 한 사람이 너무나 많은 의무를 떠맡게 되는 원인이기도 하다.) 사이에 차이가 있다는 것을 이해하도록 도와야 한다.

　　(10) 평신도가 사역의 페이스를 맞춰갈 수 있도록 도우라. 사역을 긴 안목으로 생각하도록 가르치라. 평신도 가운데 일부는 사역을 마치 곧 세상이 멸망할 것 같은 공격적인 자세로 하기도 하는데, 그렇게 하면 육체적, 정신적, 영적으로 쉽게 지치게 된다.

　　(11) 모든 사역은 큰 사업과 같다는 사실을 확인시키라. 하나님께 중요하지 않은 사역이란 존재하지 않는다. 평신도들이 하나님이 보시기에만이 아니라 목사들이 보기에도 아주 큰일을 하고 있다는 사실을 이해하도록 도와야 한다.

평신도에게 사역 위임하기

사역에 보내심을 받았다는 것은 세상을 돌아다니게 된다는 의미가 아니다. 이것은 단순히 옆집에 간다는 것을 의미할 수도 있다. 수천 명 앞에서 말씀을 전하든지, 주일학교 교실을 빗자루로 쓸든지, 우리가 하는 사역이 어떤 것이든 상관없이 교회로부터 보내심을 받았다는 사실은 매우 신나는 일이다. 우리는 보내심을 받은 자로서 그리스도인 단체로부터 지지를 받아 그리스도의 사역을 계속할 수 있는 자리에 배치되었다. 이것은 우리의 직업과 교회 사역 모두를 포함하는 것이다. 교회가 위임 예배로 새롭게 사역을 시작하는 사람들을 전 교회에 알리는 일은 매우 옳은 일이다. 그러나 이것이 언제나 가능한 일은 아니다. 때때로 주위의 몇몇 사람들만 초청해 특정한 평신도 사역을 시작하는 사람을 위해 기도하는 시간을 갖는 것도 좋을 수 있다.

그리스도인들은 창조적인 방법으로 사역에 나가는 그들의 멤버를 축하할 수 있다. 두 가지 방식의 예배를 살펴보자. 첫째는, 평신도 사역 서약식이다. 서약이란 약속 혹은 공약이란 뜻으로 우리가 우리 자신에게 맹세하는 것을 말한다. 서약은 그리스도를 믿는 믿음에서 매우 중요한 부분으로 가볍게 다룰 문제가 아니다. 그것은 기쁨으로 참여하겠다는 표현이다. 다음에 소개하는 서약은 공적인 예배에 맞춰 고안되었으며, 소그룹 안에서도 충분히 활용할 수 있다. 이 서약의 목적은 믿는 자들이 하나님과 모든 사람들 앞에서 하나님의 사역자로 세상에서 일하겠다고 맹세하도록 돕는 것이다.

우리 중 많은 사람은 성경적으로 예배 시간에 서약을 한다는 데 낯설어 할 것이다. 뿐만 아니라 전례에 맞춰 읽는 것이 예배에 방해가 된다고 생각하는 사람도 있을 것이다. 그러므로 서약문에 있는 내용을 이해할 수 없는 사람들에게 이 서약 예배를 강요해서는 안 된다. 하지만 동일한 시간에 한마음으로 진실한 서약을 한다는 것에는 많은 의미가 담겨져 있다. 이 서약으로 자신을 돌아볼 수 있는 기회를 갖게 되는 것이 나의 기도이다. 또한 이것은 하나님을 경외하는 마음으로 해야 한다.

나는 당신이 이 책을 당신의 집에서 개인적으로 읽고 있을 것이라 생각한다. 당신이 이 서약의 원래 용도대로 사용할 수 있는 예배 시간에 참석하고 있지는 않을 것이다. 하지만 이것은 충분히 당신의 영적 소생과 위임을 위해 개인적인 시간에도 사용할 수 있다.

∽ 평신도 사역 서약 ∽

리더: 아버지, 우리는 당신의 사람들입니다.
공동체: 우리는 라오스입니다. 하나님의 사람들입니다.

리더 : 우리는 살아있는 반석입니다.

공동체 : 우리는 거룩한 제사장입니다.

리더 : 우리는 모든 그리스도인들과 함께 선택된 백성이며, 왕의 제사장입니다.

공동체 : 예, 아버지, 우리는 당신의 제사장입니다.

리더 : 우리는 세상의 모든 그리스도인들과 함께 거룩한 나라를 세웁니다.

공동체 : 아버지, 우리는 당신의 거룩한 나라입니다. 우리는 당신의 사람들입니다.

리더 : 우리가 의롭지 않더라도 우리는 당신의 제사장입니다.

공동체 : 아버지, 우리가 얼마나 겸손해야 당신의 제사장으로 불릴지 우리는 알지 못합니다.

리더 : 우리는 찬송과 예배와 진정한 사랑의 희생을 당신께 바칩니다.

공동체 : 우리의 모든 것이 사역에 사용되길 바라며 당신께 우리를 바칩니다.

리더 : 우리는 그리스도의 몸입니다.

왼쪽 : 그렇습니다. 우리는 당신의 교회의 일부입니다.

오른쪽 : 그리고 당신이 머리가 되십니다.

리더 : 성육신은 계속됩니다.

왼쪽 : 그렇습니다, 우리 안에서 계속됩니다.

오른쪽 : 그렇기 때문에 우리의 삶을 만지십니다.

리더 : 이것은 우리가 하는 것이 아닙니다. 아버지.

공동체 : 이것은 당신이 우리를 통해서 만지시는 것입니다.

왼쪽 : 우리의 영광입니다. 아버지.

오른쪽 : 예, 영광스런 일입니다. 하지만 우리를 낮춥니다.

리더 : 우리에게 소명을 주신 당신께 감사드립니다.

공동체 : 우리가 그 안에서 즐거워할 사역을 주셔서 감사합니다.

리더 : 그리스도 안에서 우리에게 공동체를 주신 당신께 감사합니다.

공동체 : 우리가 그 안에서 즐거워할 사역을 주셔서 감사합니다.

리더 : 우리는 풍족한 유산의 일부입니다.

공동체 : 사역자들의 혈통을 따라서.

리더 : 자신을 하나님의 사람들이라고 이해하는 이들의 혈통을 따라 왔습니다.

공동체 : 그리고 사역으로의 부르심을 이해한 사람들의 혈통을 따라 왔습니다. 그가 어떤 사람은 사도로, 어떤 사람은 선지자로, 어떤 사람은 복음 전하는 자로, 어떤 사람은 목사와 교사로 삼으셨으니(엡 4:11).

리더 : 아버지, 우리를 준비시킬 이들로 인해 감사합니다.

공동체 : 예, 아버지, 그들이 우리를 사역할 수 있도록 가르칠 것입니다.

리더 : 준비시킬 이들을 허락해 주셔서 감사합니다.

공동체 : 우리는 사역 중 그들에게 의지할 것입니다.

리더 : 그렇습니다. 아버지, 우리는 당신의 사역자들입니다.

왼쪽 : 그리고 우리 모두가 사역자입니다.

오른쪽 : 우리도 마찬가지입니다.

리더 : 그리고 우리 모두는 하나님께 은사를 받았습니다.

공동체 : 그렇습니다. 그분은 우리의 사역을 위해 우리에게 은사를 주셨습니다.

리더 : 우리는 사역하기를 원합니다.

공동체 : 그렇습니다, 아버지, 우리는 당신과 함께 우리의 은사를 사역에 사용할 것을 서약합니다.

리더 : 우리는 서로에게서 은사를 봅니다.

왼쪽 : 우리는 당신의 은사를 확신합니다.

오른쪽 : 우리도 당신의 은사를 확신합니다.

리더 : 우리는 사랑의 중요성을 깨닫습니다.

공동체 : 그렇습니다. 아버지, 우리의 사역이 사랑으로 이루어지기를 원합니다.

리더 : 우리의 은사는 중요합니다.

공동체 : 하지만 어떤 것도 사랑보다 중요하지는 않습니다.

리더 : 우리는 아주 중요한 임무를 시작하려 합니다.

공동체 : 우리는 그 임무를 위해 훈련받았습니다.

리더 : 이것은 중요한 임무입니다.

공동체 : 그리고 그 임무에 우리는 보내심을 받았습니다.

리더 : 아버지, 당신이 우리에게 서로를 주셨습니다.

공동체 : 우리는 서로를 매우 필요로 합니다.

리더 : 우리는 주님의 몸으로서 사역합니다.

공동체 : 우리는 서로가 매우 필요합니다.

리더 : 예, 그렇습니다.

왼쪽 : 우리는 사역을 위해 당신이 필요합니다.

오른쪽 : 우리도 사역을 위해 당신이 필요합니다.

다같이 : "사랑의 끈" 노래를 부른다.

우리는 사랑의 끈 안에서 하나입니다.

우리는 사랑의 끈 안에서 하나입니다.

우리는 성령님께 우리의 영을 맡깁니다.

우리는 사랑의 끈 안에서 하나입니다.

(ⓒ 1971 by Lillenas Publishing Co. All rights reserved. Used by permission)

리더 : 우리는 이제 준비가 되었습니다.

왼쪽 : 예, 그렇습니다.

리더 : 우리는 우리가 사역자로 부르심을 받았다는 사실을 알고 있습니다.

오른쪽 : 예, 그렇습니다.

리더 : 우리는 사역을 위해 은사를 받았습니다.

왼쪽 : 예, 그렇습니다.

리더 : 우리에게는 사역을 위해 훈련받을 수 있도록 준비시키는 이들이 있습니다.

오른쪽 : 예, 우리에게 있습니다.

리더 : 우리에게는 우리를 사역지로 보내는 교회가 있습니다.

공동체 : 그렇습니다. 우리는 우리를 사역지로 보내는 그들이 필요합니다. 왜냐하면 그들은 우리를 격려하고, 우리가 사역 안에서 힘을 얻을 수 있도록 하기 때문입니다.

리더 : 그렇기 때문에,

리더와 공동체 : 우리는 오늘 이 자리에 모여 우리의 사역의 시작을 서약하려고 합니다.

왼쪽 : 당신을 섬기는 것 같이 섬기겠습니다.

오른쪽 : 당신이 주는 것 같이 주겠습니다.

왼쪽 : 당신이 만지시는 것 같이 만지겠습니다.

> 오른쪽 : 당신이 아프셨던 것 같이 아프겠습니다.
> 왼쪽 : 우리는 사역을 통해 즐거움을 경험할 것입니다.
> 오른쪽 : 그렇습니다. 그리고 우리의 사역을 통해 죽음을 경험할 것입니다.
> 리더 : 우리는 당신이 필요함을 고백합니다.
> 공동체 : 그리고 우리가 당신에게 온전히 기댈 것을 고백합니다.
> 리더와 공동체 : 우리에게 섬길 수 있는 기회를 주셔서 감사합니다.
>
> (침묵기도 시간이나, 성찬식을 가질 수 있다.)

위임 예배의 목적은 위임이라는 말이 의미하는 대로 평신도를 특별한 사역에 임명하고 파견하는 것이다. 위임 예배는 당신의 교회에서 가장 흥미로운 행사가 될 수 있다. 모든 사람에게 아주 뜻깊은 예배가 될 수 있다는 것이다! 평신도들은 사역에 들어가기 전 자신의 마음을 점검할 수 있다. 동시에 공동체는 사역을 시작할 이들에게 자신들의 지지와 사랑과 기도를 하나님 앞에서 서약하는 시간이 된다. 이 시간은 매우 진지하면서도 즐거운 시간이다.

다음에 소개하는 것은 평신도 사역 위임 예배의 순서이다. 당신의 상황에 맞게 고쳐서 사용해도 좋다. 나는 위임 예배를 제시하는 사람으로서 당신이 임명 받는 사람의 필요를 가장 잘 채워줄 수 있는 방향으로 이것을 사용하길 권한다.

평신도 사역 위임 예배

목사는 다음을 읽는다 :

당신이 이제 시작하려는 사역은 당신에게 많은 기쁨과 만족을 가져다줄 것입니다. 동시에 당신의 삶에 큰 도전이 될 것입니다. 때때로 사역은 마음에 상처를 가져다주기도 합니다. 이러한 이유로 당신은 이 순간을 주의 깊게, 조심스럽게, 그리고 기도함으로 준비해 왔습니다. 당신은 하나님께서 당신에게 주신 모든 것을 이웃에게 나누어줄 것입니다. 당신이 가지고 있는 모든 것을 그들에게 줄 것입니다. 이것은 정확하게 말하면 당신 자신을 하나님께 제물로 바치는 것입니다.

당신이 이 사역에 참여하겠다고 스스로 마음에 서약한 것을 이제 당신의 형제자매 앞에서 서약할 시간입니다. 이들은 이 예배에 참여함으로써 당신의 사역과 당신을 힘써 돕겠다는 것을 서약합니다. 당신이 사역에 서약한 것과 같이 그들은 당신에게 서약하는 것입니다.

평신도 사역 지원자에게 묻는 질문:

1. 당신은 이 사역에 부르심을 받았다고 믿습니까?
   ("예, 그렇습니다.")

2. 당신은 하나님께서 당신에게 주신 은사와 그분의 일에 은사를 사용하는 방법을 깨달았습니까?
   ("예, 그렇습니다.")

3. 당신은 사역의 효과를 높이기 위한 교육이나 훈련에 참가했습니까?
   ("예, 그렇습니다.")

4. 당신은 공동체로부터 당신의 사역으로 보내심을 받을 준비가 되었습니까?
("예, 그렇습니다.")

5. 당신은 하나님과 다른 사람들을 섬기며 살기를 원합니까?
("예, 그렇습니다.")

공동체에게 하는 질문:
당신은 이제 새로운 사역을 시작할 사람들을 돕기로 서약합니까?
그들을 위해 기도하겠습니까?
말과 행동으로 그들을 돕겠습니까?
만일 그렇다면 "예, 그러겠습니다"라고 대답하십시오.
("예, 그러겠습니다.")

축복 기도: (지원자들은 무릎을 꿇는다.)

하나님 아버지, 당신과 함께한 모든 날들은 의미를 가지고 있습니다. 하지만 오늘은 더 특별한 의미가 있습니다. 우리는 당신께 나아갑니다. 당신의 일에 우리 자신을 헌신하기로 약속합니다. 우리는 당신의 아들 예수께서 하셨던 사역을 기억합니다. 우리의 사역이 그분께서 시작하신 사역을 이어가기를 원합니다. 우리의 이러한 헌신을 당신에 대한 우리의 사랑과 당신께서 우리에게 해주신 모든 것에 대한 감사로 받아 주십시오.

우리는 당신께 이러한 사역들(또한 이러한 당신의 사람들)을 서약합니다. 우리의 사역이 열매를 맺게 해주십시오. 우리 주 예수 그리스도의 이름으로 기도 드립니다. 아멘.

> 평신도 사역 지원자들에게:
>
> 　이것은 제게 정말로 즐거운 일입니다. 하나님 앞에서 그리고 그리스도 안에 있는 당신의 형제자매 앞에서 당신을 부르신 사역에 위임합니다.* 당신을 부르신 하나님께서 당신과 함께 하실 것입니다. 아멘.
>
> (* 참고 – 당신을 부르신 사역이란 말을 사용하는 것보다 사역의 명칭을 사용해도 좋다. 예를 들어, '주일학교에서 가르치는 사역'이라든지 '가정을 방문하는 사역' 등으로 바꿀 수 있다. 만일 이 의식이 직업적 소명에 사용된다면, '치과의사의 사역' 혹은 '목수의 사역' 등으로 말하는 것도 좋다.)

　평신도들이여, 이제 당신의 사역의 시작을 축하한다. 또한 당신들 중에 많은 이들이 지금도 계속하고 있는 사역에 대해 축하한다고 말해야 할지도 모르겠다. 이전 내용을 읽은 당신은 아마도 지난 수년간 많은 사역에 참여했을 것이다. 당신과 같은 평신도들 때문에 나와 같은 목사들이 우리의 부르심에 대해 매우 즐거워하는 것이다. 하나님의 나라를 위해 당신을 준비시키는 자로 일하는 것은 너무나 즐거운 일이기 때문이다.

부록 A

은사의 발견에서
사역을 찾기까지

당신이 은사를 발견했다면, 이제 당신이 할 수 있는 사역들을 살펴보자. 다음의 목록은 팀 블란차드(Tim Blanchard)의 『은사를 찾는 실제적인 안내서』란 책에서 인용한 것이다. 여기에 소개하는 목록은 팀이 기록한 13가지의 은사들이며, 각 은사의 아래에 기록된 것은 각 은사에 따라 그가 제안하고 있는 사역들이다.

A. 설교(preaching)

1. 임원, 위원회 위원

2. 성경 교사
   외국인 노동자, 감옥, 병원, 안식처, 군대

3. 목사

4. 선교사
   교회 세우기, 전도

5. 복음 전하는 팀
   전도 집회, 말씀 전하는 사람

B. 가르침(teaching)

1. 임원과 위원

장로, 집사, 기독교 교육

2. 교회 예배
   유아들을 위한 예배, 새신자 예배, 주일 학교

3. 가정 방문

4. 청소년
   걸 스카우트, 보이 스카우트

5. 아웃리치
   복음전도 팀, 집에서 하는 소그룹 성경공부 리더

6. 주일 학교
   교장, 교감, 부서 코디네이터, 유년부 교사, 청소년부 교사, 장년부 교사, 보조교사

7. 여름 성경 학교
   준비 위원, 교사, 도우미

8. 선교사 교육

9. 외국 학생
   사역자, 교사

C. 지식(knowledge)

1. 임원과 위원
   장로, 집사, 기독교 교육

2. 청소년
   걸 스카우트, 보이 스카우트

3. 아웃리치
   집에서 하는 소그룹 성경공부 토론 리더

4. 주일 학교
   교장, 교감, 청소년부 교사, 장년부 교사

5. 여름 성경 학교
   교사

6. 선교
   번역, 통역-해설

7. 리서치
   주일 학교 교과과정, 성경 학교 교과과정

D. 지혜(wisdom)

1. 임원과 위원
   장로, 집사, 재정 위원, 교육 위원, 건설 위원

2. 도서 위원

3. 아웃리치
   가정 방문, 집에서 하는 소그룹 성경공부 리더, 복음 전하는 팀

4. 청소년
   청소년 후원자, 보이 스카우트, 걸 스카우트, 십대 주간 설교자

5. 상담
   소명, 소수민족 프로그램, 갱단 사역, 결혼, 동성연애자, 이혼, 출소자, 과부, 홀아비

6. 선교
   계획 세우기, 교회 세우기, 학교 교육

7. 여름 성경 학교
   진행자

E. 훈계(exhortation)

1. 임원과 위원
   장로, 집사, 기독교 교육

2. 교회 봉사
   아이 돌보기, 새신자, 초등학생, 어른, 성가대, 안내, 환영

3. 방문
   아픈 사람, 새신자, 외출이 힘든 사람(집에만 있는 사람), 힘들어하는 사람, 교인, 감옥, 병원, 안식처, 전화

4. 청소년
   보이 스카우트, 걸 스카우트

5. 아웃리치
   복음 전하는 팀

6. 상담
   감정적으로 혼란스러운 사람, 이혼, 혼전, 갱단, 동성연애, 소년원, 결혼상담, 마약중독, 자살 가능성 있는 사람, 감옥에서 갓 출소한 사람, 가출 청소년, (자)퇴학생, 과부, 홀아비, 캠프

7. 여름 성경 학교
   교사

F. 믿음(faith)

1. 임원과 위원
   장로, 집사, 재정 위원, 임명 위원, 선교 위원

2. 아웃리치
   가정 방문, 복음 전하는 팀, 전도

3. 선교
   교회 세우기

G. 영적 분별(discernment of spirits)

1. 임원과 위원

장로, 집사, 교인 관리 위원, 기독교 교육 위원, 임명 위원, 선교 위원, 교육 위원

2. 직원 채용

3. 아웃리치
  가정 방문

4. 청소년
  청소년 후원자

5. 상담
  교회, 캠프, 소년원, 결혼 문제, 이혼, 학대당하는 아이, 학대하는 부모, 가출 청소년, 자살 가능성 있는 사람, (자)퇴학생

6. 도서 위원

7. 주일 학교
  어른

H. 도움(helps)

1. 위원과 임원
  집사, 사회 위원, 보관 위원, 재정 위원, 자산 위원, 교육 위원, 건설 위원.

2. 관리
  회계 담당, 재정 서기, 사무원

3. 교회 봉사
  안내, 환영

4. 도서 위원

5. 육아실
  관리자, 보조

6. 선교
  지방 선교 단체 리더

부록 A

7. 여선교회, 남선교회 활동
   위원

8. 아웃리치
   복음 전하는 팀-운전, 성경 학교 주최, 가정 성경 공부 주최

9. 주일학교
   회계, 서기

10. 음악
    성가대 지휘, 청소년 성가대 지휘, 어린이 성가대 지휘, 찬양 인도, 성가대, 솔로, 듀엣, 트리오, 4중주, 반주자(동반, 솔로), 오르간 연주, 악기 연주, 오케스트라 지휘, 음악 위원

11. 버스 운전

12. 연회 직원

13. 사무
    서류 작성, 서랍 정리, 파일 정리, 서류 모으기, 재활용, 우편, 전화, 정보 입력, 열쇠 담당

14. 접대
    음식, 쉴 곳 제공

15. 교통편 제공
    외출이 힘든 사람, 청소년 행사, 교회 봉사

16. 음식 만들기

17. 간호사

18. 식당 일 돕기

19. 운동 팀
    농구, 야구, 배구, 수영, 축구 등등

20. 유지 보수

조경, 목공, 페인트 칠, 전기, 수도관, 청소

21. 예술적인 일

22. 재정
회계, 회계장부 정리, 재정 관리, 컴퓨터 작업

23. 영상
비디오 촬영, 프로젝트 운영, 파일 정리, 프린터, 포스터, 텔레비전, 사진, 예술, 녹음하기

24. 주일 학교
듣고 기억하는 일, 비서

25. 도우미
청각 장애인, 시각 장애인, 알코올 중독, 마약 중독, 정신적으로 아픈 사람, 외국인 노동자, 특수 아동 교육, 간호, 아이 돌보기

26. 도서관 책 관리

27. 음향
음향 엔지니어

28. 드라마-연기 지도

I. 섬김(serving)

1. 임원
재정 서기, 보관 위원

2. 도서 위원

3. 환영

4. 건축 위원

5. 육아실 담당

6. 청소년
   보이 스카우트, 걸 스카우트

7. 지방 선교 단체 담당

8. 여선교회, 남선교회 활동

9. 음악
   찬양 인도, 솔로, 반주

10. 간호

11. 식당 일 돕기

12. 손재주 있는 사람

13. 목수

14. 교회 드라마 제작

15. 재정

16. 회계

17. 영상
    비디오 촬영, 프로젝트 담당, 텔레비전, 사진 촬영

18. 도우미
    마약 중독, 알코올 중독, 외국인 노동자, 유아 돌보기

19. 음악
    성가대 지휘, 청소년 성가대 지휘, 어린이 성가대 지휘, 찬양 리더, 성가대, 솔로, 듀엣, 트리오, 4중주, 피아노(반주자, 솔로), 오르간 연주, 악기 연주, 오케스트라 지휘, 음악 위원

20. 사무
    문서 작성, 전화 받기

21. 접대
  음식 접대, 쉴 곳

J. 행정(administration)

1. 임원과 위원
  집사, 보관 위원, 기독교 교육, 선교 담당, 학교, 자산, 재정, 교인 관리, 전도 위원, 교회 봉사, 사회, 건설, 계획

2. 관리
  회계, 서기, 안내 위원 대표

3. 육아실 담당

4. 청소년
  청소년 후원, 청소년 임원, 미혼자 후원

5. 지방 선교 단체 리더

6. 여선교회, 남선교회 리더

7. 주일 학교
  부장, 부서 담당-모든 연령의 반장, 반 임원

8. 책 관리, 도서 위원

9. 외국인 학생 사역

10. 캠프
  진행, 보조 진행, 행정 담당

11. 음향 부스 조작

12. 시청각실 관리

13. 드라마 제작

14. 커피숍 사역

15. 여름 성경 학교 진행, 임원, 보조

16. 십대 주간 진행

K. 다스림(ruling)

1. 임원, 위원
   교육 위원, 집사, 보관 위원, 재정, 자산, 건설, 양육

2. 교회 봉사
   환영, 안내 위원 대표

3. 대회 의장, 부의장

4. 여름 성경 학교 진행

5. 십대 주간 진행

6. 주일 학교 부장, 부서 관리

7. 남선교회 리더

8. 여선교회 리더

9. 지방 선교 단체 리더

10. 캠프 진행

11. 학급 임원단

L. 긍휼(mercy)

1. 임원과 위원
   집사, 권사

2. 교회 봉사
   안내, 환영

3. 외출이 힘든 사람에게 설교 테이프 나눠 주기

4. 접대
   음식, 쉴 곳

5. 방문
   아픈 사람, 죽음을 앞둔 사람, 외출이 힘든 사람, 병원, 양로원, 전화, 새신자, 사별한 사람

6. 선교
   위원회, 선교, 지방 복음 선교, 선교사들과 연락, 휴가 때 보조

7. 도우미
   알코올 중독, 정신적으로 아픈 사람, 치료가 필요한 사람, 간호, 시각 장애인, 청각 장애인, 갱단, 굶주리거나 도움이 필요한 사람, 뇌성마비, 외국인 노동자, 마약 중독, 출소자

M. 베풂(giving)

1. 위원과 임원
   보관 위원, 선교 위원, 재정 개발 위원, 건축 위원, 교육 위원, 기획개발 위원

2. 가난한 이들에게 음식과 물질 제공하기

3. 접대
   음식, 쉴 곳

4. 특별한 선교 프로젝트 후원

부록 B

은사의 정의

예언_Prophecy
예언의 은사는 하나님께 받은 말씀을 이해하여 특정한 청중에게 권위와 분명함을 가지고 글이나 설교를 통해 전하는 능력을 말한다.

도움_Helping
도움의 은사는 교회 안에서 각각 할당된 일을 하는 이들을 보조할 수 있는 능력을 말한다.

가르침_Teaching
가르침의 은사는 정보나 개념을 사람들이 이해하고 기억할 수 있도록 설명하는 능력, 즉 사람들이 배울 수 있도록 하는 능력을 말한다.

권면_Encouraging
권면의 은사는 말과 행동으로써 사람들에게 위안을 주고, 상담을 하며, 그들의 일에 대해 용기를 줄 수 있도록 하는 능력을 말한다.

베풂_Giving
베풂의 은사는 물질적 자원을 벌고, 그 자원을 하나님 나라에서 가장 좋은 일에 사용하도록 기꺼이 내놓을 수 있는 두 가지 능력 모두를 포함한다.

지도력_Leadership
지도력이란 모임에서 '앞에 나설 수 있는 능력'으로, 하나님의 뜻에 따라 목표를 세우고, 그러한 목적을 달성하기 위해 사람들의 수고를 조화롭게 활용할 수 있는 능력을 말한다.

긍휼_Mercy
긍휼의 은사란, 그리스도인이든 비그리스도인이든 상처받은 사람의 감정을 느낄 수 있고, 마음을 밝게 하며, 효과적인 방법으로 그들이 문제를 해결하도록 도와줄 수 있는 능력을 말한다.

목회_Pastor
목회의 은사는 믿는 사람들의 모임의 영적 상태를 살피고 돌볼 수 있는 능력을 말한다.

사도_Apostle
사도의 은사는 교회의 수를 늘리거나, 새로운 지역이나 문화에 교회를 소개하는 데 있어 특별하게 효과적인 방법으로 교회 안에서 지도력을 세우고 실행할 수 있는 능력을 말한다.

선교_Missionary
선교의 은사는 다른 문화권에서 효과적으로 사역할 수 있는 능력을 말한다.

전도자_Evangelist
전도자의 은사는 비그리스도인들이 예수님을 받아들이고 그리스도인이 되도록 복음을 전할 수 있는 능력을 말한다. 이것은 사람들이 복음을 받아들일 준비가 되었는지를 분별하는 영적 능력도 포함되며, 개인이나 단체, 평신도나 목사가 모두 실행해 볼 수 있다.

지혜의 말씀_Word of wisdom
지혜의 말씀은 지혜를 은사로 받아 문제의 상황에서 알맞은 조치를 취하는 능력을 말한다. 이것은 충분한 정보를 가지고 어려운 상황에서 가장 좋은 선택을 할 수 있는 능력을 가리킨다.

지식의 말씀_Word of knowledge
이 은사는 공동체를 건강하게 하고 성숙하게 하기 위해 중요한 정보를 찾아내고 기억하여 분석할 수 있는 능력을 말한다.

영 분별_Discernment of spirits
영 분별 은사는 사람의 영으로 하는 것과 성령께서 임하셔서 하는 일 또는 하나님의 일과 사단의 일을 분별할 수 있는 능력을 말한다. 잘못된 가르침을 알아내고, 혼돈된 상황에서 영적 진리를 찾아내며, 하나님이 인도해 주시는 옳은 길을 찾을 수 있다.

신유_Healing
신유의 은사는 하나님께서 특정한 경우에 독특하게 사용하시는 개인을 통해, 다른 사람의 육체적·정신적 필요가 채워지도록 하나님의 고치시는 능력을 중재하는 능력을 말한다.

기적_Miracle
기적의 은사는 믿음으로 능력을 행하여 다른 사람들이 그 일에 대해 자연의 원리가 아닌 하나님께서 간섭하셨다고 스스로 받아들일 수밖에 없도록 하는 능력을 말한다.

믿음_Faith
성령의 은사로서 믿음은 아주 특별한 능력이며 하나님이 행하실 일에 대해 그분의 뜻과 목적을 구별하고, 그것에 따라 행동하는 것을 말한다.

섬김_Serving
섬김의 은사는 그리스도의 몸이 효과적으로 기능하도록 셀 수 없이 많은 작은 일들을 알아내고 행하는 능력을 뜻한다. 도움의 은사는 사람들이 자신들에게 맡겨진 일을 할 수 있도록 도와주는 데 초점을 맞추지만, 섬김의 은사는 대개 단체와 기관에 속한 다른 사람들이 지나치기 쉬운, 작지만 필수적인 일들에 초점을 맞춘다.

언어_Languages
언어의 은사는 복음을 전하려는 목적으로 제2의 언어를 배우고 이해하는 데 사용하도록 강화된 능력을 말한다.

언어 통역_Interpretation of languages
언어 통역의 은사는 어떠한 언어로 복음을 이해하고 표현하는 데 아무런 장애도 느끼지 않을 강화된 능력을 뜻한다.

출처: 레이몬드 헌(Raymond Hurn), 「당신의 사역을 찾기 위한 전략 안내서」(Strategy Manual for Finding Your Ministry)

참고문헌

서문
1. Howard Butt, *At the Edge of Hope*(New York: Seabury Press, 1978), pp. 78-79.
2. Carlyle Marney, *Priests to Each Other*(Valley Forge, Pa.: Judson Press, 1974), p. 9.
3. Elton Trueblood, *Your Other Vocation*(New York: Harper and Brothers, 1952), p. 29.
4. Thomas Gillespire, "The Laity in Biblical Perspective," *The New Laity*, ed. Ralph D. Bucy(Waco, Tex.: Word Books, 1978), p. 32.

1장
1. Kenneth Chafin, *Help! I'm a Layman*(Waco, Tex.: Word Books, 1966), p. 1.
2. Oscar Feucht, Everyone a Minister(St. Louis: Concordia Publishing House, 1974), p. 37.
3. Gillespie, "The Laity in Biblical Perspective," p. 17.
4. Ibid., p. 20.
5. Hans Kung, *The Church*(Garden City, N.Y.: Image Books, 1967), p. 478.
6. Feucht, *Everyone a Minister*, p. 40.
7. Butt, *At the Edge of Hope*, p. 79.
8. Francis O. Ayers, *The Ministry of the Laity*(Philadelphia: Westminster Press, 1962), p. 25.

2장
1. Hendrik Kraemer, *A Theology of the Laity*(Philadelpia: Westminster PRess, 1958), p. 137.
2. Ibid., pp. 48-49.
3. Richard Harrington, "The Ministry of All Christians"(Ph.D. diss, Drew University, 1979), p. 19.
4. Wiliam Barclay, *Acts*(Philadelpia: Westminster Press, 1953), p. 1.
5. Ibid., p. 2.
6. Ibid.
7. Donald McGavran, *Understanding Church Growth*(Grand Rapids: Wm. B. Eerdmans Publishing Co., 1970), p. 16.
8. Clifford Wright, *Laymen Are Ministers*(Melbourne, Australia: Methodist Federal Board of Education, Methodist Church of Australia, 1961), pp. 12-13.
9. Book of Discipline of the United Methodist Church(Nashville: United Methodist Publishing House, 1968), p. 106.
10. Hans-Rue야 Weber, "Ministries of the Priestly People," *Laity*, No. 9(July, 1960), pp. 19-20.
11. Howard Grims, "The Vocation of the Laity," *Perkins School of Theology Journal* 13, No. 1(Fall, 1959), p. 1.
12. Albert C. Outler, "The Patoral Office," *Perkins School of Theology Journal* 16, No. 1(Fall, 1962), p. 5.
13. Trueblood, *Your Other Vocation*, p. 58.
14. Ibid., p. 62.
15. Alden Kelley, *The People of God*(Greenwich, Conn.: Seabury Press, 1962), p. 56.

16. Trueblood, *Your Other Vocation*, p. 63.
17. Ibid., p. 66.
18. Gillespie, "The Laity in Biblical Perspective," p. 24.
19. Second Assembly of the World Council of Churches, 1954.

3장

1. Trueblood, *Your Other Vocaton*, p. 43.
2. Kung, *The Church*, p. 492.
3. Ibid., p. 493.
4. Christopher Brooke, *The Layman in Christian History*, eds. Stephen Charles Neill and Hans-Ruedi Weber(Philadelphia: Westminster Press, 1963), p. 111.
5. Ignatius, cited in *History of the Christian Church*, by Philip Schaff(Philadelphia: John C. Winston Co., 1933), p. 59.
6. Kung, *The Church*, p. 483.
7. Van A. Harvey, *A Handbook of Theological Terms*(New York: Macmillan Co., 1969), p. 250.
8. Gordon Rupp, "The Age of the Reformation," *The Layman in Christian History*, 142, citing William Tyndale, "Wicked Mammon,' *Doctrinal Treatises*(Parker Soc. ed.), pp. 101-103.
9. Franz Hildebrandt, *Christianity According to the Wesleys*(London: Epworth Press, 1956), p. 48.
10. Stephen Charles Neill, "Britain," *The Layman in Christian History*, p. 207.
11. 웨슬리의 평신도 활용에 대해 더 검토하길 원한다면, James L. Galow의 "John Wesley's Understanding of the Laity as Demonstrated by His Use of the Lay Preachers"(Ph.D. diss., Drew University, 1979)를 보시오.

4장

1. James F. Engel and H. Wilbert Norton, *What's Gone Wrong with the Harvest?*(Grand Rapids: Zondervan Publishing Co., 1975), p. 140.
2. 아가페의 특징에 대해 보다 완전하게 검토하길 원한다면, Anders Nygren의 *Agape and Eros*(Philadelphia: Westminster Press, 1932)를 보시오.
3. A. T. Robertson and Alfred Plummer, *I Corinthians*(Edinburgh: T. and T. Clark, 1911), p. 285.
4. Ray Stedman, *Body Life*(Gendale, Calif.: Regal Books, 1972), pp. 51-52.
5. Leslie B. Flynn, *Nineteen Gifts of the Spirit*(Wheaton, Ill.: Victor Books, 1974), p. 22.
6. Raymond W. Hurn, *Finding Your Ministry*(Kansas City: Beacon Hill Press of Kansas City, 1979), p. 21.
7. Stedman, *Body Life*, pp. 40-41.
8. Kenneth Kinghorn, *Gifts of the Spirit*(Nashville: Abingdon Press, 1976), p. 37.
9. David L. Hocking, *The World's Greatest Church*(Long Beach, Calif.: Sounds of Grace Ministries, 1976), pp. 134-137.

5장

1. A. W. Kist, "Dynamics of Adult Education," *Laity*, No. 23(July, 1967), p. 23.

2. Edwin Carl Linberg, "An Examination of the Role of the Clergy as Enabler of the Development and Growth of the Ministry of the Laity"(D.Min. diss., School of Theology at Claremont, Calif., 1975), pp. 246-247.
3. Ibid.
4. 다섯 개의 단어-연합, 전달, 실연, 위임, 관리-는 Robert Coleman의 책 *The Master Plan of Evangelism*(Old Tappan, N.J.: Fleming H. Revell Co., 1963)에서 빌려왔다.
5. Linberg, "The Clergy as Enabler of the Laity," pp. 244-245.
6. Arnold B. Come, "Lay Training in the U.S.A.," *Laity* No. 19(July, 1965), p. 15.
7. Tim Blanchard, *A Practical Guide of Finding Your Spiritual Gifts*(Wheaton, Ill.: Tyndale House Publishers, 1979).
8. Frederick Norwood, "The Shaping of Methodist Ministry," *Religion in Life* 45, No. 3.(Autumn, 1974), p. 350.
9. David Mains, *Full Circle*(Waco, Tex.: Word Books, 1971).
10. W. H. Fitchett, *Wesley and His Century*(New York: Eaton and Mains, 1906), pp. 219-220.

6장
1. Charles Lake, "To Go or Not To Go?" *OMS Outreach*, No. 2.(1978), p. 13.
2. Kraemer, *A Theology of the Laity*, p. 127.
3. Hans-Ruedi Weber, *Salty Christians*(New York: Seabury Press, 1963), p. 49.
4. '아마추어'의 이점에 대한 탁월한 논의를 살펴보려면, Trueblood의 *Your Other Vocation*, pp. 39-42를 보시오.